廉洁从教铸师魂

新时代教师廉洁从业实务

孙明奇　于洪艳　宋绪光◎编著

人民日报出版社

图书在版编目（CIP）数据

廉洁从教铸师魂：新时代教师廉洁从业实务／孙明
奇，于洪艳，宋绪光编著. —北京：人民日报出版社，
2024. 9. —ISBN 978-7-5115-8456-4

Ⅰ.①G451.6

中国国家版本馆 CIP 数据核字第 202468G742 号

书　　名：**廉洁从教铸师魂：新时代教师廉洁从业实务**
　　　　　LIANJIE CONGJIAO ZHUSHIHUN: XINSHIDAI JIAOSHI LIANJIE CONGYE SHIWU

作　　者：孙明奇　于洪艳　宋绪光

出 版 人：刘华新
责任编辑：刘天一
封面设计：陈国风

出版发行：人民日报出版社

地　　址：北京金台西路 2 号
邮政编码：100733
发行热线：（010）65369527　65369846　65369509　65369510
邮购热线：（010）65369530　65363527
编辑热线：（010）65363105
网　　址：www.peopledailypress.com
经　　销：新华书店
印　　刷：北京柯蓝博泰印务有限公司

开　　本：170mm×240mm　1/16
字　　数：200 千字
印　　张：13.5
版次印次：2025 年 1 月第 1 版　　2025 年 1 月第 1 次印刷

书　　号：ISBN 978-7-5115-8456-4
定　　价：59.80 元

【 序 】
Preface

宋代诗人李觏的《广潜书十五篇并序》中有这样一句："善之本在教，教之本在师。"意思是向善的根本在于教育，而教育的根本在于老师。可见，老师在引人向善中起到主导作用。

古往今来，歌颂教师的名言数不胜数。无论是"师者，所以传道授业解惑也""师者，人之模范也"，还是"太阳底下最光辉的职业""人类灵魂的工程师""燃烧自己，照亮别人"等，无一不传递着为人师者的责任与使命。新时代，教师更应传承师者精神，担起为党育人、为国育才使命，培养可以担当民族复兴大任的时代新人，这就要求教师要做到为人师表，廉洁从教。

廉洁是一种境界，一种品质。历经数千年传统文化的积淀，早已成为一个人立足社会、安身立命的基本素养和道德标尺。对广大教师而言，廉洁更意味着在生活中和教学中不贪不占、不攀不奢，坚守清正廉明的信念。

廉洁从教，要求教师牢记教书育人的初心使命。教师要带着爱与智慧投身教育教学工作，重视培养学生的良好品质和健全人格，引导学生形成正确的价值观。要以德立身、以德施教，一面充实自己，一面培养学生，充分展现出为人师者的人格力量。

廉洁从教，要求教师爱岗敬业，遵纪守法。一朝为师者，终身重传道，献身教育事业的教师要时刻端正自己的教育观念，关爱学生，甘于奉献。同时，要遵规守矩，自觉遵守职业纪律，热爱教育事业，拥护党的各项方针政策，言传身教，做好学生的表率，认真履行教书育人的职责。

廉洁从教，要求教师清廉自守，坚决抵制不正之风；坚守高尚道德情操，发扬奉献精神，自觉抵制社会不良风气影响；不利用职责之便谋取私利。广大教师要有"捧着一颗心来，不带半根草去"的教育信念，无论生活中还是工作中都应清廉为要，主动抵制诱惑，树立高尚师德形象。

廉洁从教，要求教师树立清廉家风，以家风促廉风。"将教天下，必定其家，必正其身"，家庭是廉洁的港湾，是抵御腐败的第一道关口，也是最后一道防线。教师树立清廉家风，有助于约束自己和家庭成员，从而彼此监督，互鉴互证，有效确保家庭的清风正气，从而以家风带教风，营造清爽干净的育人环境。

目录
Contents

第一章　初心如磐，守护教育的纯净天空

1. 不忘初心，坚守教育为民的宗旨　/ 2

2. 牢记使命，教师的责任与担当　/ 5

3. 慎微慎独，永葆教师清廉本色　/ 9

4. 以诚治学，杜绝学术腐败　/ 13

5. 廉洁从教，传承师德之光　/ 17

6. 以清白之心，守护师者育人之志　/ 20

第二章　法纪为基，打造廉洁自律的堡垒

1. 遵规守纪，提升法律意识　/ 24

2. 加强师德师风建设，遵守教职"规矩"　/ 27

3. 严守制度，规范教育行为　/ 30

4. 慎思笃行，严防违规违纪　/ 33

5. 依规而行，坚决不搞特殊化　/ 37

第三章　履职尽责，以廉洁之光照亮学生成长之路

1. 为人师表，树立廉洁形象　/　42

2. 以身作则，争做"四有"好老师　/　46

3. 诚信为本，立足岗位倡廉洁　/　51

4. 职责为要，让教育更有力量　/　54

5. 清廉为师，不做违法乱纪之事　/　58

第四章　爱在心间，廉洁从教是师德之本

1. 甘为人梯，无私奉献担使命　/　62

2. 不收受礼品，保持清廉作风　/　67

3. 忠于职守，不谋私利　/　71

4. 摆脱人情束缚，讲人情更讲原则　/　76

5. 不以分数论英雄，树立正确的教育观念　/　79

6. 立德树人，严慈相济育桃李　/　82

7. 恪守职业道德，争做廉洁楷模　/　85

第五章　身教重于言教，自觉抵制不良教育风气

1. 杜绝违规补课、办学，莫被利益遮住双眼　/　90

2. 倡导学术诚信，严守学术规范　/　93

3. 关注心理健康，拒绝暴力教育　/　97

4. 拒绝不正当吃请，树立清风正气　/　102

5. 远离低俗，培养高尚人格　/ 106

6. 躬身力行，拒礼拒贿守清廉　/ 109

7. 抵制教育腐败，营造阳光的教育氛围　/ 114

第六章　清廉自守，从教之路廉洁为先

1. 培养自律意识，时刻保持清醒　/ 119

2. 珍视自我，爱惜名誉　/ 123

3. 保持积极心态，不盲目攀比　/ 128

4. 坚持自我反思，铸就廉洁品质　/ 131

5. 艰苦奋斗，培养清廉作风　/ 135

6. 以廉慎为师，加强自身道德修养　/ 139

第七章　教学相长，以廉促教树新风

1. 公正从教，平等对待每一名学生　/ 143

2. 将心比心，与家长做真朋友　/ 147

3. 正确看待师生关系，塑造学生健全人格　/ 150

4. 发挥职业精神，维护学生权益　/ 154

第八章　家风正派，营造清廉和谐的家庭氛围

1. 拒贪拒腐，保持教师之家的清风正气　/ 158

2. 约束家庭成员，狠刹不正之风　/ 162

3. 建立清廉家风文化，传承家族美德　/ 166

4. 提高家庭廉洁意识，抵制腐败行为　/ 170

5. 树立优良家风，让清廉成为一种习惯　/ 175

附　录

教师个人廉洁风险点自查表　/　178

师德师风考核评价表　/　180

个人"师德师风问题"自查自纠表　/　183

教职工廉洁从教知识竞赛试题　/　185

在职教师廉洁从教知识测试卷　/　190

中小学校廉洁从教知识竞赛试题　/　197

党风廉政建设试题（教师版）　/　201

第一章
初心如磐，守护教育的纯净天空

　　教师是一个光辉的职业，一个充满责任感与影响力的职业。为人师者，以教书育人为天职，肩担为国家、为社会培养合格人才的重任，自当坚守初心，廉洁从教，献身教育事业，深耕细作，砥砺前行，铸就教育之魂。

1. 不忘初心，坚守教育为民的宗旨

《礼记》中记载："物有本末，事有终始。知所先后，则近道矣。"干一件事情，讲究从何而来，往何处去，有头有尾，便有了章法，教育同样如此。在实际教育的过程中，应坚持教育为民、教育利民，坚持无私奉献、解惑授业的教育初心，把握教育的真谛。

对于教育工作者来说，加强教育工作中的薄弱部分，以匠人精神打磨并完善教育细节，不仅对个人清廉教育有着意义，更是对社会思想进步起到推动作用。

--- ✳

胡丽华是一名中学语文教师，在学生眼中她是一个有爱心、有耐心，永远享受着教育的快乐，对教育充满热忱的优秀教师。她注重启发和引导学生，激发他们的学习兴趣和热情。她不仅关注学生的学习成绩，还关注学生的身心健康和未来的发展。

在工作中，胡丽华严格遵守职业道德和法律法规，从不接受学生或家长的礼物或贿赂。

一次，同事小赵私下找到她，说有几名家长想给孩子补课，报酬很丰厚。小赵知道胡丽华在语文教学上很有经验，所以打

算推荐她去给那几名学生补习语文。胡丽华一听，不禁皱起眉头："小赵，学校明确规定不允许教师补课，你怎么能明知故犯呢？我们身为教师，就要遵守教师职业行为，不要去做违反规定的事情，廉洁从教不是口号，也不是装装样子就可以的……"

不管别人对自己有什么意见和想法，胡丽华仍然一如既往地坚持着自己的原则和信念，也为学生树立了正确的人生观和价值观。

不忘初心，意味着教师要弯下腰，真正走近学生，给予他们无限的关心与爱；意味着真抓实干，承担时代的使命，立德树人，为社会主义事业培养合格的建设者和继承人；意味着摒弃个人利益，不被金钱名利所累，当个人利益与集体利益发生冲突时，要识大体、顾全局，做出必要的取舍；意味着时刻保持思想和人格上的先进性，把教书与育人有机融合在一起，以德施教、以德立身。

当然，教育也不单单是教师一个人的事，更需要学校与家长的共同协助。在开展清廉教育的同时，学校要积极与家长沟通，侧面推动清廉家风的树立。发挥教育促廉、家庭助廉的环境优势，营造"家校一线"的浓厚清廉教育氛围，从民意、民情中进行延伸，为学生树立正确的三观，让清廉教育有的放矢，廉洁之风遍地开花。

北宋著名理学家、教育家程颢，是古代清廉教育的代表。他自青年时起，就铭记"躬事廉俭"的祖训，不仅清廉为官，更慷慨解囊，用俸禄接济困难百姓，甚至去世时家无余资，无法安葬于故里……

"民本"与"识仁"思想是程颢对从政与教育的高度概

括。其中，"民本"思想的核心是爱民、为民、利民。治平元年，程颢任泽州晋城县令。在前往泽州的路上，他看到战乱后的泽州一带，教育落后，饱经沧桑，痛心疾首。他将"视民如伤"四字牢记心间，时时为百姓谋福，事事以民众为先。秉承"教化为先"思想，他大力发展教育，建立私塾，为泽州百姓提供宝贵的受教育机会。

以大力发展教育的"民本"为前提，程颢大力推广"识仁"教育，强调"学者须先识仁"。讲究德在学先，主张在学习之前，要先具备高尚仁义的品德，方可真正地学会知识，懂得为人处世的道理。

❋

一方面，教师要发挥榜样力量。以身作则，树立高尚敬业、清廉正直的教师形象，给学生以正向指导，成为学生的"引路人""活标杆"。

另一方面，教师要坚守"教育为公，教育利民"初心，将公益教育、教育为民的教育实质牢记心中，拒绝不良诱惑，克服万难，主动接受教育熏陶。

教育工作者应发扬"师匠"精神，在坚守个人思想品质，稳步提升自身教育水平的同时，对学生进行思想境界上的锤炼、学业层次上的进步、人生道路上的引导，实现思想的启迪与解放。

同时发挥"教学相长"优势，与学生共同进步，认真钻研教育教学理论，改进课堂教学方法，精心备课讲课，全面提高教育教学质量。升华纯净师心，锤炼坚强意志，在教学中提升自我价值、实现人生目标。

2. 牢记使命，教师的责任与担当

古人云："清者自清，浊者自浊。"清正廉洁乃中国传统道德的基本规范，它包含两层意义：一是为人正直，清廉自律；二是处世清廉，廉洁奉公。教师作为肩负育人重任的教育工作者、社会道德的传承者、学生人格的塑造者，理当廉洁从教。

廉洁从教是对教师品行和作风的道德要求，集中体现教师的高尚情操，是师德之本。教师是未来国之栋梁的雕刻师，应以无私的奉献，播撒知识的种子，引导学生探索未知的世界。教师又不仅仅是知识的传播者，更是道德模范和人格的导师。

为人师者，理当牢记使命。要承担为国育才、为党育人的使命，始终坚守初心，坚定理想信念，以平凡之身，在工作岗位上做出不凡的成绩；要勇挑教育职责，将自己掌握的知识毫无保留地传授给学生，关心学生、尊重学生、爱护学生，与学生做朋友，为学生答疑解惑，成为他们成长之路的领航人；要锤炼教育技能，强化育人能力和水平，让每一名学生都能够获得高质量的教育。

廉洁从教是对教师的道德要求。教师作为学生的榜样，言行举止会对学生产生巨大影响。廉洁从教，意味着教师要有高尚的品德和操守，坚守正义和诚信的原则，遵守法律法规，拒绝贪污腐败，以身作则，引导学生树立正确的价值观和道德观念。

✳

孔子是中国古代著名的教育家、思想家和政治家，他的言行举止一直被后人所推崇。

孔子在担任鲁国司寇（司法官）期间，一位有钱有势的官员的儿子犯了严重的罪行。这位官员想通过贿赂来逃避法律的制裁。然而，孔子断然拒绝了他的贿赂，并坚决主张按照法律对罪犯进行处理。孔子始终坚守廉洁自律底线，从不利用职权谋取私利，不接受贿赂，以身作则，坚守正义。

孔子还注重诚信。他强调学习的重要性，同时也强调要诚实地学习，不做虚学问。他教育学生要踏实学习，注重真正的知识和思想的积累，不去追求虚名和表面的成绩。

孔子通过自身的言行举止和教育实践，为教师提供了一个坚守原则的榜样。他的一言一行不仅影响了自己的学生，也为教育工作者树立了正确的教育观念和职业操守。

✳

廉洁从教彰显教师的责任与担当。教育事业是为社会培养人才、推动社会进步的一项伟大事业。作为教师，肩负着培养学生的使命和责任，因而要坚守廉洁原则，不忘使命、履行职责。

教育事业需要建立在诚信和正直的基石上，而廉洁从教正是为了维护教育事业的公正和公平，为学生提供良好的学习环境和成长空间。教师要勇于担当社会责任，拒绝诱惑，始终以学生利益为先，为社会培养出更多德才兼备的人才。

廉洁从教体现着教师的职业荣誉。作为教师，荣誉与责任是紧密相连的。只有廉洁从教，教师才能在职业道路上攀登更高的山峰。

廉洁是一种职业的底色，教师只有真正做到廉洁从教，提高自律意识，才能具备道德上的号召力，影响学生的道德情感和精神世界，赢得学生和社会的尊重和信任。廉洁从教是一种职业道德，只有思想廉洁、行为廉洁，才能树立起自己的职业形象，得到同行的认可和尊重。教师要珍视自己的职业荣誉，以廉洁为荣，以廉洁为傲，将"廉洁为师"作为自己职业生涯的座右铭。

广大教师要深刻认识自己肩负的职责和使命，不忘立德树人初心，牢记为党育人、为国育才的使命，率先垂范、以身作则，做为学、为事、为人的示范。

＊

徐老师是一名小学教师，她二十多年如一日坚守在工作岗位上，完美地诠释了清廉为师、不忘使命的深刻内涵。

徐老师始终秉持廉洁自律的原则，她严格要求自己，不接受家长的任何礼物和红包，用实际行动为学生树立了良好的榜样。她认为，教师的天职是传道、授业、解惑，而不是追求个人利益。她始终把学生的学业放在心中最重要的位置，用实际行动践行了教师的职责和使命。

2020年3月，她被医院确诊为宫颈癌，在康复期间，许多家长带着学生前往医院看望她，有的送鲜花、有的带水果，还有几名家长偷偷地往她的枕头下塞红包。她发现后，坚决将红包一一退回，更明确表示不希望来看望自己的家长和学生带任何东西，她说："我知道大家送礼送物是为了表达谢意，但我是一名人民教师，教书育人是我的本分，更何况为人师者，当以身作则，廉洁自律，怎么能因为生病就私拿私要学生和家长的财物呢？"

※ --

徐老师坚守岗位、无私奉献、廉洁自律的精神值得我们每一位教育工作者学习。

教育是国之大计，是民族振兴、社会进步的重要基石。教师作为教育事业的中坚力量，肩负着培养社会主义建设者和接班人的重任。广大教师要始终牢记自己的职责和使命，坚守廉洁的原则，用自己的行动诠释教育的真谛，"修身慎行，敦方正直，清廉洁白，恬淡无为"；要处处为人师表，从小事做起，从自我做起，在社会公德、职业道德以及家庭美德等方面展现责任与担当。

3. 慎微慎独，永葆教师清廉本色

"慎微慎独，严于律己"，这八个字是广大教育工作者修身的标尺。清廉教育的发展需要广大教育工作者具有坚韧不拔、迎难而上的精神，更要甘守清贫、耐住寂寞，"守住第一次"。如此，廉政国风、廉洁校风、清廉家风才能在无数个"小我"的努力下日渐成型，继而让清廉之风发扬光大。

为人师者，必先正其身，方能教书育人，此乃师德之本也。想要做到为人师表，首先要做到"正身"。如何做到"正身"呢？学会独处，三省吾身。独处是一门学问，更是一种勇气和智慧。因为在独处之时，才会看见最真实的自己，从而自觉地约束自我、审视内心，克服欲望与困顿。作为教育工作者，在负重前行时要加强戒备、洁身自律，保持心灵的纯净与教育境界的崇高。

✳

黄老师是一名共产党员，在某中学教数学兼班主任。工作中，他勤恳扎实、严于律己，在教学上屡创佳绩。生活中，他是个能够自我约束的人，不管是学生出于真诚的感谢而送的小礼物，还是学生家长私下的宴请，他都一概婉拒。

某年中秋节前夕，黄老师下班回家，遇到了一位家长，家长是刻意等黄老师下班的。打过招呼后，家长从包里拿出一张购物卡，说："黄老师，马上到中秋节了，我妻子单位发了好几张购物卡，千万别误会，这就是普通超市的货品兑换卡，也不值钱，就是我们的一点心意。"

当天黄老师正顺路买菜，手里的塑料袋敞开着，家长直接把购物卡塞到了塑料袋里，转身就走了。黄老师连叫了好几声，家长也不回应，他只好先回家。

晚上，黄老师把购物卡摆在书桌上，看了一会儿后，打开电脑写下一封"自我感想"。他写道："小小一张购物卡，很容易让人失去底线，它是那么不起眼，却犹如一颗炸弹，威力惊人。身为教师，身为党员，绝不能'不拘小节'，认为这是件芝麻小事，很多大事都由小事而来，很多巨贪也是从小贪开始。古人云'积羽沉舟，群轻折轴'，再轻的羽毛，足够多，也一样会把船压沉。所以，教师队伍中的每个人都要注重小节，守住小节，慎独慎微，永葆清廉……"

第二天一早，黄老师与学校相关领导沟通后，学校召开了一次大会，他用自己的行为和想法告诫每一名教育工作者，为人师者务必重视道德和品格修养，绝不能在利益和物质中迷失方向，失去自我。会后黄老师把购物卡退还给了家长。

＊

慎独修正身，慎微走正道。慎独慎微是美德，更是做人之本、从教之基。大千世界，物欲横流，身处诱惑之中，如果心中没有界限感、敬畏感，就很难重视细节和小事，也就极易出现不廉洁行为，所以，为人师者要一边传道，一边在内心立规矩。

清廉教育想要得到发展，仅仅个体的"慎独""正身"远远不够，还应当激发教师群体的自审、自省态度，培育教师群体的自我监督能力，使其明白"国无清廉而不立，教无清廉难为师"的道理。当每一名教育工作者都具备高度的思想觉悟时，清廉教育便会达到全新境界，清廉因子也会流淌到社会各界的精神脉搏中，为上层建筑输入源源不断的正向精神力量。

"独木不成林"，但"朽木亦难雕"，只有独处时心无杂念，秉持真诚的教育之心，以良木标准要求自身，才会得到群木的青睐与赞许，让清廉教育深入人心。我们要明白，廉教目标当前，前进路上并不寂寞。

-------------------------------- ✳ --------------------------------

鲁迅先生自儿时起便励志学习，报效祖国。少年时，他因成绩优异，获得了学校授予的金奖章。但他并没有沉浸在功劳簿上，反而立刻将奖章卖掉，只为多换些钱买书。买完书后，为防止夜里寒冷难耐，无法继续苦读，他便买了一串红辣椒，饥寒交迫时便将红辣椒咬碎，直辣得额头冒汗方才结束。也是凭着这种独处时亦不会消磨意志的慎独精神，在日后的人生道路中，无论是弃医从文还是创办诗刊，他都走得果断、成功且掷地有声。

成功的同时，清廉本质让鲁迅将"横眉冷对千夫指，俯首甘为孺子牛"做到了极致。鲁迅在北大任职八年，不仅坚持清廉从教，还给学生筹路费。1912 年，鲁迅任社会教育司第一科科长，套近乎、求办事的人比比皆是，鲁迅为辞客，特地在家门外贴上"概不会客"字条，尽显风骨。

✳ --------------------------------

个人境界的修炼是一段艰苦异常、晦暗难辨的旅途。但我们可以凭借自身意志力，完成自我境界的突破，让自己成为清廉教育推进路上的一盏明灯，发挥光与热。这要求每位教师时刻自我约束，审视内心，规范日常行为。

首先，认清教育责任重于泰山的实质，对教育事业怀有敬畏之心并充满热情。要重视行为、习惯对人的长期影响，不断提高思想认知和觉悟。

其次，始终将学生的权益摆在第一位。坚决守护学生的人格尊严、受教育权，秉承教师操守与"教书育人，立才树德"目标。对一切侵害学生利益的人与事斗争到底，心怀强烈的责任感与教育使命。

再次，审慎交友，严以修身。将真诚、纯净的交友圈子作为排解烦忧，砥砺前行的力量源泉，为学生树立"君子之交"的淡泊形象，让教育圈层纯净化、透明化，培养更多人才。

最后，铭记"知行合一"的教育守则，拒绝脱离实践的纸上谈兵。纸上得来终觉浅，绝知此事要躬行，来自实践的理论才是最立得住脚的理论。不经过实践的检验，再高深的理论也是空中楼阁。因此，教师要真正把教育通过现实行动，在日复一日、年复一年的教学生活中把点点滴滴的努力落到实处。

以人为本，以文化人。每一位教育工作者都应做到严私德，慎独慎初慎微，培养和强化自我约束、自我控制的意识和能力，清白做人、清廉为师。在任何情况下都保持清醒的头脑，控制自己的欲望，做到自重、自省、自警、自励，清清白白为师，干干净净从教。

4. 以诚治学，杜绝学术腐败

人无信不立。诚信教育作为德育教育的一个重要方面，不仅是人格教育的重要组成部分，更是奠定清廉教育发展的基石。

诚信自古便与立身、学术紧密相连。越是掌握知识、能够创造财富与更高社会价值的群体，越应当恪守诚信准则，发挥社会中流砥柱的作用。教育工作者作为教育园地的建设者和捍卫者，更需要在诚信方面对自己提出严格的要求，将诚实守信的崇高道德品质视为职业操守，身体力行，捍卫公平学术环境，并将学术信用升级为学术信仰，在尊重他人学习、劳动成果的同时时刻做好思想建设，切实做到以诚治学。

诚信决定人格底色。古人云："诚信者，天下之结也。"又有"民无信不立"之说，这些警世之言都在告诫人们，只有诚信才能堂堂正正做人。为人师者，在治学上也必须谨守一个"诚"字。

以信立人，以诚治学，要求教师秉承学术诚信，不搞学术造假，不让虚名和利益玷辱教育的纯净。

"学术腐败"是一种应该坚决打击并杜绝的不良现象，每一名教育工作者都要主动与之划清界限，不搞钱学交易、学色交易。严禁教师以行贿或其他不正当手段获取科研经费、奖项；侵吞、挪用科研经费；利用手中职权获得与自身实际情况不相匹配的学位、证书；伪造简历、伪造实验结果及数据；抄袭、剽窃他人学术成果……总而言之，一切有违"诚"的行为都是为人师者要反对、制止和杜绝的。

归根结底，出现学术腐败的主要原因，便是一些教师、教授及学者等教育从业者沽名钓誉，期待从中获得利益。他们的做法有违教育初衷，更与廉洁从教的要求背道而驰。

--- ✳

某工程大学人工智能研究所教授卢某，在人工智能研究领域很有声望，然而这样一位"德高望重"的教师，却存在严重的学术腐败问题。

2018 年，一名国外博士生向某学术网站投诉，称卢某公开发表的一篇论文中，大量抄袭了自己的博士论文。后来，该大学经过详细调查，印证了那名博士生的说法，并发现卢某在过去的两年中，所发表的十数篇论文中，有一半以上直接抄袭国外学者的研究成果。最终，卢某被开除党籍。同时，追回他因这些论文所获得的奖金，并撤掉因此得到的多项荣誉。

无独有偶，某科研机构教授袁某通过伪造实验数据、抄袭他人成果等手段，发表了多篇"高质量"的科研论文，并获得了大量的科研经费和荣誉奖励。

✳ ---

学术腐败，既违反了学术规范和道德标准，也损害了学术研究的可信度和学术界的声誉。归根结底，这些通过在学术上动手脚以获得名利的教育工作者，从没有把真心奉献给教育事业。

学术不端、学术造假等行为，直观反映出的便是一个人是否真实、诚信，是否恪守职业道德规范，是否是一个有道德的人。蔡元培说："道德不是记熟几句格言，就可以了事的，要重在实行。"而实行，就需要教师安分守己，心系学生，扎根讲台，有真才实学、真知灼见，如此才会自觉主动地远离学术造假、学术不端等行为，守护好教育一片纯净的天空。

一个人只有具备了诚信素养，事业才能发展长久，最终收获成功。为人师者同样如此，要想在治学从教上有突破，做出成绩，就必须秉持学术良知，恪守学术规范，敢于直面真相、追求真理，绝不利用学问追名逐利，充分尊重知识产权，严禁利用科研活动谋取不当利益。

诚信是做人的基本品德，更是教师廉洁自律的基本内容。广大教师务必要忠于职守，秉承教育本质，捍卫诚信教育，将学术底线升华为当代教育工作者不可触碰的红线，秉持教育良知，凭借实质性的诚信行为播种、教育下一代。

✳

陶行知先生的一个独特教育信条："千教万教教人求真，千学万学学做真人。"在数十年如一日的教育生涯中，他始终将诚信教育摆在关键位置，大力呼吁学术诚信，并将这一教育信念渗透到家风建设中去。

陶行知的儿子陶晓光在无线电研究领域颇有造诣，苦于没有专业学历，无法在电厂就职。1940年，陶晓光好不容易找到了一家心仪电厂，眼见各项专业考核全部通过，入职前夕，厂方却要求他出具学历证明。

无奈之下，他向父亲的老朋友——育才学校副校长马侣贤求助。很快，就收到了一张毕业证明书。正当陶晓光满怀欣喜之际，父亲陶行知却发来电报，要求儿子火速将证明书寄回。

接着，陶行知又补寄一封家信，教育孩子"宁为真白丁，不做假秀才"。

在推动诚信教育的同时，陶行知也始终坚持清廉教育，信奉"捧着一颗心来，不带半根草去"的教育信条。

1917年，刚接受完哥伦比亚大学教育，收到留校邀请的他义无反顾回国投身教育事业，并与人合编了《平民千字课》，启蒙基层教育，畅销300万册。按理说，仅依靠稿酬，陶行知就足以过上小康生活。他却选择节俭度日，将所有稿酬投入教育事业的建设中。

❋

今天的广大教育工作者，应以陶行知为榜样，身体力行，以廉促教、以诚治学，严厉抵制学术不公、学术造假、学术不端行为，为教育打造一片净土。

以诚治学，要求每一名从教者严守学术规范，树立清正学风，以"淡泊名利为真，清正廉洁为善"作为座右铭，克制私欲，抵住物欲的诱惑，不欺不骗、以诚为先，用最真实的自己面对学生、面对家长、面对教育，踏踏实实做事，诚诚恳恳做人，努力维护学术"求实、务真"的风气，立志做一个追求真理的勇士。

5. 廉洁从教，传承师德之光

如果说高超的教学艺术与深厚的学科底蕴是师者最好的教案，那么廉洁高尚的师德便是刻度明确、严正规范的自我审视尺。教育工作者，教书育人是责任，教好书育良人是风骨。

教师不仅担负着学校的教职工作，还肩负着时代责任，以及传承师德之光的历史使命。在精研教育艺术的同时，教师还应具备自省自悟能力，努力朝德行兼备的"时代师匠"的目标进发。这需要教师心无旁骛，全身心地投入教育事业，以廉洁思维为引线，培育良好的师德修养。

第一，爱党敬业，高度热爱教师这一职业，时刻以身为一名人民教师为荣，将教书育人，育人成才的目标铭记心间。

第二，志存高远，培育强烈道德感与使命感，传承奉献精神，成为一名心中有信仰，行路有力量的好老师。

第三，亲切友善，循循善诱，不厌其烦解答学生学业、生活中的各种疑问，培育健康、良好、和谐、平等的师生关系。

————————————————— ✳

杨震，字伯起，东汉弘农郡华阴县人。他自幼勤奋好学，博览群书，是名震一时的才子。他热衷教育事业，自二十岁起便开始自费开设学堂，教授学生。他教学有方，名气大，学生多，因而被人们尊称"关西孔子"。

由于杨震办学认真，教出很多学生，所以被当时的大将军邓骘看重并招到自己麾下，而后又被推荐为"茂才"，最后做到了太尉。一次，杨震赴任东莱太守途中，路经昌邑。当时的昌邑县令王密是由他提拔起来的。为报答杨震当年的教育举荐之恩，王密特意在夜里将准备的十两黄金送给他，并以"现在是深夜没有人知道"为由，劝说杨震收下。杨震严词拒绝，厉声诘问："天知、地知、我知、你知，怎么能说没有人知道呢?"王密听后，惭愧地离开了。

❋

杨震为学生所爱戴，自是师德模范。难能可贵的是，他能够在之后的为官生涯中廉洁自律，拒绝接受昔日弟子的赠礼。

培育师德的首要目标便是鼓励广大教育工作者廉洁从教，以德束行，在"传道授业"之前立德树人。这就要求教师德才兼备，坚定不移地传承师德之光。具体来说，为人师者需要在赞扬与荣誉中保持清醒，对于名利抱有平常心，且要淡泊名利、心怀感恩，严守教育初心。

同时，拒绝金钱、资源诱惑。发扬无私奉献精神，认清教育本质。坚决拒绝执教过程中可能面临的各种诱惑，清白做人，认真从教。

再则，不过分纠结物质得失，要严格自纠德行缺失。辛勤耕耘，争当师德模范。要让思想在岁月的冲刷下纯粹依旧，让自我境界更上一层楼。

❋

张老师是某市一所知名小学的数学老师，他深知作为一名教师的责任和使命。他始终坚守教育初心，将廉洁教育融入日

常教学的每一个环节。他从不接受家长的任何礼物和红包，坚
守教师职业道德，以身作则，为学生树立了良好的榜样。

在课堂上，张老师不仅注重知识的传授，更注重学生品德
的培养。他通过生动的案例和故事，引导学生认识廉洁的重要
性，并鼓励他们从小事做起，培养廉洁自律的品质。他常说：
"廉洁不仅是一种品质，更是一种责任。作为学生，我们要做到
不贪小便宜，不占公家便宜，做一个有道德、有责任感的人。"

除了课堂教学，张老师还积极参与学校的各项公益活动。
他利用业余时间，组织学生参加社区志愿服务活动，帮助他们
了解社会、认识社会，培养他们的社会责任感和奉献精神。在
这些活动中，张老师始终以身作则，用自己的行动诠释着廉洁
教育的真谛。

张老师的高尚师德和廉洁品质赢得了学生和家长的广泛赞
誉。他的学生纷纷表示，张老师是他们心中的楷模，他们要以张
老师为榜样，努力学习、勤奋进取、廉洁自律。家长也纷纷表示，
张老师是他们信任的老师，他们放心将孩子交给张老师教育。

✳ ·· ·······

一个内心正直的人不会有恶语、恶行，一名从教以廉的教师也不会
徇私舞弊、贪赃枉法，他们会恪守教育品质，严守师德红线，以德为
先、以廉修身、以爱从教。

教师在日常的教学过程中，要把清廉因子渗入每堂课，落实到学校
的各项工作中，层层深入，逐步推进。比如，布置廉洁反思作业与廉洁
图书阅读任务，让学生深植对廉洁社会的向往之心；这也会让教师在加
强清廉教育的过程中不断自纠自查，巩固清雅师德，从而令富有生命力
的廉洁教育之花布满教育园地。

6. 以清白之心，守护师者育人之志

教师是人类文明的传播者，也是生产劳动者，他们所做的是传播人类文明和知识的伟大事业。身处这样的事业之中，要求每一名教师无限忠诚于教育事业，具备主人翁意识。同时，既然选择了教师这个职业，就要投入百分百的热情，恪守教师职业道德规范，履行自己的职责，加强自身修养、提高自身素质，廉洁从教，从我做起，以清白之心，行清白之事，以润养廉洁品行。

清白为师、廉洁从教，是教师从教的基础。古往今来，清白为师、廉洁从教的师者，无不展现出思想干净、心灵干净、行为干净的特质。而目前个别教师不但做不到这三方面的干净，更是理直气壮地向学生、向家长索取好处和贿赂，公然违背廉洁从教的职业道德。这既损害了教师的崇高形象，又侵害了他人的利益，更引发了公众对教师队伍的质疑。

---------------------------------- ✳

河北某小学班主任于某，因收受家长财物，并多次主动索贿被校方开除，同时被吊销教师资格证书。

举报于某索贿的家长李女士以前也曾是于某的学生，而今自己的儿子又成为于某的学生。按理说，两人的关系应该比其他家长更加亲近，但事实并非如此。

一年级时，学校开运动会。当时学校不允许家长进入校内，于某却直接朝李女士招招手，示意她进去。当她走进操场，还没找到位置坐下来，于某便把车钥匙塞到李女士手中。

李女士看着走远的于某一头雾水，也没心思看孩子在运动会上的表现了，反复盯着手里的车钥匙琢磨。忽然，她"灵光一现"，似乎读懂了于某的意思。

运动会还没结束，李女士便拿着于某的车钥匙走了，把于某的车开到附近超市，往后备箱装了不少米面油等，又买了两盒高档茶叶，还包了一个大红包。等把车钥匙交给于某，于某打开车"检查"一番后，虚伪地说："小李，你太见外了，咱们认识这么多年了，现在你儿子还是我学生，怎么还放这么多东西啊！"李女士心中不快，但脸上还是带着笑，不住地说着客气话。

有了第一次，就会有无数次。此后，每到节假日，于某都会明里暗里向李女士索贿。一次中秋节，于某在微信向李女士抱怨："大过节的，学校连螃蟹都没发。"李女士心领神会，当天便买了螃蟹送到于某家的门卫处。此后的几年，李女士一直承受着于某的主动索贿。作为"交换"，于某在学校的确"很照顾"李女士的儿子。

李女士的儿子上五年级时，一次班级竞选中队委，事前于某再次把车钥匙交给李女士。这次李女士当即拒绝，而她儿子也自然"落选"了。李女士越想越气，直接给教育局打电话，实名举报了于某。

教师索贿的行为无疑抹黑了整个教育系统，严重亵渎了师道尊严，也伤害了师生关系，以及教师与家长的关系。"索贿"，意味着只看重金钱利益，把教书育人当成追逐利益的工具和渠道。归根结底，是师德出了问题。那么，是什么导致了师德失范呢？

事业心不足。一朝为师者，终身重传道，从走上教师岗位的第一天起，就要知道自己肩负的重担，要在教书育人上多下苦功，增强事业心，树立终身执教、廉洁从教的崇高理想。个别教师却丧失了应有的事业心，工作上敷衍塞责，马马虎虎，对待学生不冷不热，缺乏爱心，同时也不注重提升自己的专业水平只把心思放在如何从学生、家长身上赚好处上。

缺乏进取心。个别教师错误地把教师职业当作"铁饭碗"，认为自己当上教师，可以一辈子安安稳稳。而教师职业的特殊性决定了教师必须永葆进取之心，要持续学习，修正思想、改正错误，拓宽眼界、打开格局，以免自己的眼光盯在蝇头小利上，导致不能清白做人、干净做事。

利欲心过强。个别教师不把教书育人当作责任，而是重分数、轻能力，暗示家长只有确保教师在自己孩子身上投入更多精力，孩子才会考出好成绩，从而"自觉"地向教师表达"谢意"。为人师者，应葆有一颗淡泊心、廉洁心、清净心，不求索取、不计回报，做一名真正的师者。

第二章
法纪为基，打造廉洁自律的堡垒

　　遵纪守法，是每个公民必须遵守的基本行为准则，更是为人师者的基本素质。教师肩负教书育人的使命，是"身教"的榜样。身为教师，要自觉学法、知法、守法，严于律己，以身示范。

1. 遵规守纪，提升法律意识

法律是行为底线，社会生活中的每一个个体的行为都要受到法律约束，都不能超越法律允许的范围。对广大教师来说，依法办事、照章办事，牢固树立守法意识，不做违法违纪的事情，是要求，更是责任。

──────────────────────────────❋

  某大学物理学院高级实验师（教授级别）何某和张某，主要负责物理实验室大部分经费的保管和使用。二人却违反职业道德，走上了贪污之路。

  2009 年 5 月，当地检察院反贪局在办理其他案件时，发现何某和张某涉嫌贪污公款。次年 5 月，或许是意识到事情迟早会败露，张某主动投案自首，承认自己利用职务便利，将自己与何某等人旅游产生的费用共计 1.9 万元，以学术交流、出差等公务名义报销。此外，张某还交代自己曾把个人旅游费用共计 1.3 万元也以这种方式进行报销。

  几天后，何某也主动到检察机关交代自己的问题，最终与张某全额退赔贪污的公费。不久，二人因涉嫌贪污罪，被检察院提起公诉。

❋──────────────────────────────

遵法纪、守规章。作为教师，更要确保自己的一言一行合乎法律法规，绝不能超越法律底线。案例中的何某和张某，身为教育工作者却利用职务便利贪污公款，无疑是知法犯法的行为，理应受到法律的制裁。

广大教师必须注重提升自己的法律意识，这是提高自我防护能力的有效方式。只有知法、懂法，具备较强的法治观念，知道哪些事可以做，哪些事不能做，才能心存敬畏，不肆意妄为。那么，具体来说，教师要如何提升自己的法律意识呢？

学习教育相关法律知识。了解《中华人民共和国教育法》《中华人民共和国义务教育法》《中华人民共和国教师法》等法律，清晰地认识到教师职业的权利和义务。

参加法律培训课程。参加教育部门或学校提供的法律培训课程，通过专业讲师的讲解和案例分析，深入了解法律在实际教育场景中的应用，做到"有则改之，无则加勉"，及时修正自己在教学工作和生活中的不恰当行为。

在线学习法律课程。如今互联网等新媒体平台突飞猛进，教师也有了更多学习法律的平台，通过在线学习，能够获得更广泛的法律知识，有效弥补传统学习的漏洞。

善于反思。广大教师在日常教育实践中，要积极反思自己的行为是否符合法律要求，总结经验和教训，不断增强自己的法律意识和实践能力。

通过上述方法，教师可以逐步提升自己的法律意识，既能够保障学生的权益，也有助于提高自己的职业素养和教育教学水平。更关键的还在于，当教师更多地用法律和纪律规范约束自己的行为，自然会做到依法从教，实现廉洁从教的目标。

《贞观政要》中云："唯奉三尺之律，以绳四海之人。"这句话的意思是，只有奉行严明的法律法规，才能治理天下人。法律法规就是界限和尺度，是不容逾越和践踏的。而法在教育领域，集中体现在为人师者遵纪守法，秉持依法教育、廉洁教育之心。

————————————————————— ✳

　　某校初中一年级学生任某平日里经常不遵守班级和学校纪律，迟到、课上与同学说话，甚至旷课。班主任周某多次对其进行教育批评，可任某依然故我。任某的父母因忙于工作，鲜少过问孩子在学校的情况，周某多次打电话想与任某父母沟通，都没有找到人。

　　某天，周某突然接到一通电话，对方称自己是任某的父亲，说了解到孩子在学校的情况，希望与周某私下见面沟通。双方见面后，任某的父亲直接从公事包里拿出一个黑色塑料袋，周某打开一看，里面有四五捆崭新的百元钞票。而后任某父亲一再表示希望周某能多照顾任某，这是小小心意，以后会不定期表达自己的"谢意"。任某思量再三，还是没有抵挡住金钱的诱惑，最终收下了。

　　后来，当任某再次犯错被周某严厉批评时，任某竟当着很多同学的面，冷笑地说道："周老师，难道我爸给你的钱还不够吗？放心，以后他还会给的！"

　　没过多久，校方找周某谈话，也得知了他私收贿赂的事情。最终，周某被学校开除，而他受贿的问题也移交司法机关处理。

✳ —————————————————————

　　"无法者无天"，案例中的周某漠视法律法规、制度规定，不能依法执教、廉洁从教，自然要受到法律的严惩。广大教师必须对法纪制度心存敬畏，坚决不做违反职业道德和岗位职责的事情。

2. 加强师德师风建设，遵守教职"规矩"

百年大计，教育为本；教育大计，教师为本；教师大计，师德为本。为人师者，必须守师德初心，方能展师风之美。广大教育工作者应坚定理想信念，陶冶道德情操，涵养扎实学识，立师德、塑师表、扬师风、铸师魂，严守教职"规矩"，肩负起教书育人的神圣使命。

教师在学生身心发展过程中充当着教育者、引领者的角色，他们自身的德行修养关系到年轻一代的身心发展水平，乃至于民族素质，继而影响到国家的兴衰。

师德是教师的职业道德，它是教师和一切教育工作者在从事教育活动中必须遵守的道德规范和行为准则，如爱国守法、爱岗敬业、关爱学生、教书育人、为人师表、终身学习等。师风是老师的风度，也是教师这个行业的风尚风气。

可以说，师德师风就是教师职业中的"规矩"，是教师必须严格遵守的"法"。师德师风对于约束和规范教师行为有着不可忽视的作用。加强师德师风建设的大前提，便是教师要不断提升自身修养，重视履行使命与职责，要把拥有高尚的道德品质放在第一位。正如当代初等教育专家斯霞所说："要使学生的品德高尚，教师自己首先应该是一个品德高尚的人。"

"学为师之骨，德为师之魂"，教师既是知识的传播者、智慧的启迪者，也是精神的熏陶者、人格的塑造者，教师的德行修养对学生的影响不言而喻。教师的思想政治素养、职业道德水平及教学水平等，都会在学生内心打上深深的印记。加强师风师德建设，不单单与教师自身有关，更直接关系着一个国家的发展。

首先，教师要了解师德师风建设对教师道德修养的要求。师德师风的主体是教师，因而教师必须重视自身的职业道德修养，要做到为人师表。具体来说，教师必须端正思想和行为，注意自己的一言一行。教师必须正思正行，以自身为榜样熏陶学生。凡事从我做起，率先垂范，作出表率。

其次，要爱岗敬业，忠于自己的职业。在教学过程中，无论遇到什么样的困难都要勇于克服，甘于奉献，以积极的心态和饱满的热情投身教育事业。

再次，具备良好的教学心态。教师要秉持公平公正的教育理念，平等对待每一名学生，善于发掘每名学生身上的闪光点，并着力将他们培养成才。

最后，稳步推进师德师风建设。这是一项长期的系统工程，绝非一蹴而就，需要广大教师躬身力行，带头树立良好榜样，转思想、变作风、传经验，在提升个人道德修养的同时，提高教育质量，谨遵教师职业中的"规矩"，不做"法"外之人。

遵守师德师风，归根结底要求广大教师以真诚之心对待学生，学生的生活、学习以及身心状态是教师在师德师风建设上是否有成效的直观反映。一名教师若只会"唱高调""喊口号"，对待学生没有爱心，就称不上是一名合格的教师；反之，扎根讲台，深耕教育，用点滴行动诠释教师职责，踏踏实实教书、规规矩矩育人，必然会赢得赞赏和尊重。

✳

1974 年，17 岁的张桂梅跟随姐姐从家乡黑龙江远赴云南支援边疆建设，后调入丽江市华坪县，承担起四个毕业班的教学任务。教学期间，她把一颗心都扑在学生身上，俨然成了贫穷学生的"慈母"。她一边教书，一边照顾学生们的生活起居。

在学校，看到学生没钱吃饭，她就把自己的钱省下来给他们用；看到有学生衣服破旧不堪，便把自己衣服给他们穿；有的学生生病了，她会自掏腰包给他们付医药费。在校园里，但凡是她能够解决的问题，从没有推诿过。她始终把学生摆在第一位，自己却舍不得吃穿，把节省下来的每一分钱都用在了教育和慈善事业中。

张桂梅既是教师，也是党员，她说："只要还有一口气，就要站在讲台上。"她不忘初心、牢记使命，积极响应国家号召，身体力行，带给许许多多困难孩子爱与温暖。

✳

良好的师德师风，在张桂梅身上展露无遗，而她用实际行动诠释为师之责的同时，也将这种积极能量无限扩散，影响着一代代教育工作者。

师德师风的建设，离不开奋战在一线教育岗位的每一名教师，它要求广大教师一边身体力行、躬身实践，一边以古今先贤为榜样，端正思想态度、提升道德修养，积极传播廉教真谛，助推清廉师德师风吹遍华夏大地。

3. 严守制度，规范教育行为

《周易·节》中云："天地节，而四时成。节以制度，不伤财，不害民。"意思是，天地有节度和规律，才会自然形成四季。人们利用制度和规则进行自我约束，才不会浪费资财，不会损害民众。制度是一种约束和规范人们行为的尺度、标准，在制度范围内的行为举措，不会对自己和他人造成伤害，而一旦超出制度范围，违反了制度的要求和规定，就势必会害人害己。

制度是维护现代社会平稳发展的基础，万事万物离开了制度的约束容易偏离正轨。教师一旦脱离制度规范，廉洁从教就无从谈起，仿佛失去了赖以生存的土壤，面临失控、腐化的风险。所以，教师必须严守制度，规范自己的教育行为，绝不做任何违反制度规定的事情。

教师应遵守的制度，具体来说便是自己的岗位要求和教师职业的各项要求。为人师者，要形成遵守制度，不破坏制度公平性的自觉，无论在生活中还是工作中都要做到自律自省，时刻检点自己的行为，逐渐养成廉洁的习惯。

制度面前没有人情可讲，但正因为有制度的存在，人们才不会肆意妄为，随心所欲，也避免了很多潜在的违法乱纪和贪污腐败事件的发生。

《资治通鉴》中云："臣愿为民制度以防其淫，使贫富不相耀以和其心。心志定，则盗贼消，刑罚少，阴阳和，万物蓄也。"这句话的意思是，我愿意为百姓设立制度，用来约束他们过度的欲望，让富足者不向贫苦者夸耀，用来调和人心。一旦人心安定了，盗贼就会减少，刑罚也会减少，继而达到阴阳调和，万物昌盛的目的。

-- ✳

2006年，某市一中学教师集体贪污案尘埃落定，市中级人民法院作出终审判决，判处该校校长张某有期徒刑四年三个月，副校长陈某有期徒刑三年，教务处主任薛某有期徒刑三年、缓刑四年，另外几名涉案教职人员也都受到了相应的惩处。

按照学校制度规定，校方全部收入应上交后由市财政部进行统筹，剔除预算后，其中的60%会返还学校。张某觉得学校资金非常紧张，只能"另谋财路"。

2001年秋季开学后，张某在领导班子会议上提出将部分收入作为额外的"小金库"，当时在场的副校长、教导处主任等都表示赞成。

张某所设的"小金库"，资金主要来自一部分学生的补习费、借读费及基层教师请假扣除的费用等。张某几人与学校出纳打好招呼，以不开正式发票或不入正规账目等方式截留资金，充入"小金库"。

而后每到期末，张某等人开始巧立名目，以为领导层发放"津贴""加班费""奖金"等名义分取"小金库"中的资金。几人从2001年至2006年间，合计分取公款46万元。

最终，经法院查明，单单张某一人便贪污十六余万元，其他几人单独贪占的数额也在十万元以上。法网恢恢，疏而不漏，违反制度者必然要被制度严惩。

✱ --

案例中的几名校领导作为管理者，理应比一线教职工拥有更大的格局、更高的眼界，他们却眼盯利益，无视制度规定，明知故犯，自然是对制度的挑衅，必然会受到法律的惩戒。

广大教师应以案为鉴，认识到制度的约束性、权威性、不可触碰性，克己复礼、慎独而行。那么，教师如何才能做到严守制度，不踩线越界呢？

第一，加强学习。守法的前提是学法、知法、懂法，遵守制度的前提是明确制度，了解制度的细节，确保自身行为有法可依。

第二，爱岗敬业。教师只有把全部热情投入到岗位上，才会切实履行自身职责，才会落实制度规定的每一个要求，并做到谨慎、细致、周到。

第三，严守规程。学校有严格的教育教学规程，比如课程设置、教学内容及教学方法等，这是为了保证教学活动的规范性、合法性。教师严守规程，会进一步强化遵守制度的意识，在思想中形成"模式化"的教学方式，免受外界不正之风的侵扰。

第四，提升素养。教师身处教育领域，肩负教书育人的使命，务必要重视职业道德教育，着力培养职业素养，做到"守其本真，不为物欲所诱惑"，面对利益而不动心，廉洁自律、修身育德，勇敢地对钱权交易说"不"。

"有令必行，有禁必止"，遵循制度，严格按照制度的规定行事，符合制度的就去做，制度禁止的就不做。因而，广大教育工作者应切实遵守教师廉洁制度、规定，以及各项规章制度，自我约束、自我监督、自我管理，保持廉洁作风，形成廉洁教风。

4. 慎思笃行，严防违规违纪

王阳明在《传习录》中说："知者行之始，行者知之成。"探讨"知"与"行"的关系，简单来说，实践是认知的开端，而认知又是对实践的升华。对广大教育工作者来说，知与行同样意义重大。

每个行业都有其规矩，是经过无数检验而形成的。教育行业中的规矩也就是教师的"知"，即遵守的职业道德规范和从业准则；而"行"则要求教师在"知"的基础上，严格按照要求行事，不能超越界限。因而，教师无论是思想上还是行动上，都必须慎思笃行。

所谓慎思，就是谨慎思考，而教师的"慎思"要更为深入。即要求教师在熟悉并掌握各项规章制度，了解自身职责和使命后，更慎重地思索、辨析，甚至在原有基础上实现升华，意识到一切规章制度的终极目的并不是管理人、约束人，而是让人学会自我管理、自我约束，从而自然而然地照章办事、依规而行。

笃行就是让所学落到实处，是对"慎思"的检验。要求教师真正把学到的应用到生活中和教学中。比如爱岗敬业，就应当扎根教育，献身教育；比如关爱学生，就要把学生看作自己的孩子，耐心教导、悉心培养；比如廉洁自律，便是做到拒礼拒贿，不搞有偿家教，不开设私人培训班，杜绝钱权交易……笃行，是真正落实每一项规章制度的行动。

-------------------------------------- ✳ --------

　　大学教师张某，在补考评卷期间涉嫌严重违纪。2018年，他在补考评卷期间担任评卷老师，违反规定先后收取二十多个学生的钱物，为他们提供补考试卷以及正确答案，帮助他们通过补考，所收钱物合计近三万元。最终，张某被开除党籍。

　　某中学教师刘某，违反规定有偿补课被通报批评，受到党内严重警告、行政记过处分，并被撤销政教处主任职务。据调查，刘某从2017年7月开始，在其自住小区的另一出租屋内开办补课班，同时，他还要求每名学生在一个季度结束后，每人推荐一名"接替"位置的补课生，免去自己"招生"的麻烦。

　　幼儿园教师孙某，违反规定有偿开办看护班。2019年4月至5月，孙某与他人在小区内一处相对隐蔽的楼栋内租下两室一厅的房子，合伙开办了一个"看护班"。为掩人耳目，还私下给打扫楼道的阿姨送礼，让其帮忙"打掩护"，对外称几个朋友家的孩子放学后一起玩耍。孙某开办的看护班没有合法证件，纯粹是为了谋取个人私利。经查实，她在两个月内共计赚得近万元"看护费"，与合伙人均分。事后，孙某受到记过处分，被调离班主任岗位，且两年内不允许评优先模、晋级职称。

----------------------- ✳ --------------------------------

　　上述三个案例中的教职员工均触碰了师德、纪律底线，严重损害了教师队伍形象。归根结底，他们做不到慎思笃行，没能认清自己的身份，忘记了初心使命，被眼前的蝇头小利迷住了双眼，继而做出不廉洁行为。

广大教师必须引以为戒，恪尽职守、严守纪律，不仅要强化自律意识，注重自己的言行，更要秉持师道、涵养师德，多在教书育人上下功夫，切莫贪恋小利小惠，最终走上不归路。

教育部于2010年12月印发《关于切实加强教育系统廉洁自律和厉行节约工作的通知》，就教育系统切实加强廉洁自律和厉行节约工作提出如下要求。

1. 不准用公款搞相互送礼、相互宴请、游山玩水、出国（境）旅游和进行高消费娱乐活动，也不得接受其他单位和个人邀请的高消费娱乐活动。

2. 不准到高级宾馆举办茶话会、联欢会等节日庆典和拜年活动；严禁以任何名义发放贵重礼品和纪念品。

3. 不准巧立名目突击花钱和滥发津贴、补贴、奖金和实物；严格控制年终各项检查评比达标表彰活动，削减不必要的开支。

4. 不准以各种名义向下属单位转嫁、摊派和报销费用。

5. 不准违反规定收受和赠送与行使职权有关系的单位和个人（包括上、下级单位和个人）的礼品、礼金、干股、有价证券和支付凭证。

6. 不准违反规定在经济实体、社会团体等单位中兼职或兼职取酬，以及从事有偿中介活动。

7. 不准收受学生及家长的礼品、礼金、有价证券、支付凭证或其他财物。

8. 不准违反规定从事有悖于教师职业道德规范的活动，也不得向学生索要或暗示索要财物。

上述廉洁规范，应是每一名教师都严格遵守的，这也是"笃行"的制度要求。教师作为学生的引路人，务必要时刻以身作则，树立良好的师德师风，真正做到慎思笃行，不违规违纪。在日常教学中，教师应该认真学习和遵守国家法律法规和学校规章制度，不参与任何违法违纪行为。

总之，教师作为学生的楷模和引路人，应该时刻保持良好的职业操守和道德品质，慎思笃行。工作上认真履职，做好本职工作，按时完成教学任务，不敷衍塞责、不拖延时间；不接受学生及家长馈赠，始终保持职业操守，且不利用职务之便谋取私利；平等对待学生，不歧视或体罚学生，尊重学生的人格和隐私权；注意言行举止，不在课堂或公共场合发表不当言论，不传播谣言或敏感信息；保持良好师德师风，注重自身修养和职业形象，反对不良风气、制止不道德行为；认真对待学生评价和意见，及时了解自己的不足之处并积极改进。

5. 依规而行，坚决不搞特殊化

"欲知平直，则必准绳；欲知方圆，则必规矩"，守纪律、讲规矩早已是老生常谈的话题，但常谈常新。

随着生活水平的不断提高，家长对孩子的教育也愈发重视，尤其对在校教育更为看重，由此滋生出一些细小但影响巨大的问题。比如，家长通过送礼送物等方式，希望教师可以额外关照自己的孩子；借用节假日拜访、宴请等方式拉近与教职员工的关系，以使得子女获得更多关注等。

归根结底，家长的目的只有一个：希望孩子在学校得到更多教育资源，但这很容易导致教育资源分配不均的恶果。当教师不能守住底线，不能依规而行、按原则办事，就会促使一些学生成为教师的"关注点"，而这是以牺牲另一些学生受教育权为代价的。可见，教师守纪律、讲规矩，不单单是防止自己不能搞特殊化，更要杜绝为学生搞特殊化。

首先，教师自身不搞特殊化。有人说，教师职业特殊，诚然，这份职业本身的确有其特殊性，但这种特殊主要表现在"育人"上。教师是教育发展的第一资源，这就赋予了教师职业本身的特殊意义。事实上，任何职业都有其特殊性，所以广大教师绝不能拿身份"说事儿"，把职业的特殊性作为"无理要求"的条件和权利。

广大教师要知道，教师也只是一种职业，没有特权。每一名教师都要时刻保持清醒的头脑，认清自己的身份和职业属性，重教书育人、轻金钱名利。

❋

吴海杰是一名中学教师，他在从教的二十多年中，始终把"用心灵赢得心灵，是教育的最高境界"当作座右铭。

作为共产党员，吴海杰在工作中注重贯彻党的教育方针，认真履行教师职责，严格服从学校的教学安排，与同事相处融洽，与学生沟通顺畅，深得同事、学生及家长的尊重和赞许。

他是教研组的组长，在管理工作上也求真务实，脚踏实地。在他看来，管理工作与教学工作都不能有半点掺假，"作为领导，我对自己提出了更高的要求，在其岗，负其责，力求把各项工作都做实做好"。

多年来，吴海杰始终严格要求自己的言行操守，无条件遵守学校的各项规章制度以及党规党纪，充分发挥一名共产党员的先锋模范作用。在教学工作中，他从来没有迟到早退过，更没有无故缺勤缺课或误工现象。为了更好地工作，他还与相关校领导带领全体师生开展各类有益活动，并积极规范全校教师的仪容仪表、言行举止等，树立了师表形象。

在生活上，吴海杰绝不会因私废公，从不自恃身份搞特殊，不曾因加班加点拿过补贴。秉持"学高为师，德高为范"的信条，他把师德师风、党纪国法铭刻于心，始终保持着对党的教育事业无限的忠诚与热爱。

❋

其次，杜绝为学生搞特殊化。教师作为学生的引路人，应重在为学生树立良好榜样，并引导学生树立正确的人生观、价值观，所以，教师必须严格自我要求，避免自己成为为学生搞特殊的"导火索"，甚至成为学生享受"特权"的保护伞。

某校秋季新学期开学的几周内，发生了一件十分"奇怪"的事情。不少家长发现，自己家的孩子明明个子不高，却坐在了教室的最后一排。原本以为班主任会定期调换座位，但几周过去了，自家孩子仍然坐在后排，而有几个明明个子很高的孩子却一直在前排。

有一位家长不得其解，便私下询问班主任："我家孩子个子小，为什么几周都没有换座位，一直坐在最后一排呢？"班主任的回答让他大吃一惊："坐在教室前排的孩子，父母一方或双方都是当官的，如果您也是当官的，当然也可以把您的孩子调到前排。"

家长气愤不已，直接向校方反映了此事。校领导在经过调查后，严肃批评了班主任，并当即开始推行座位轮换制度。

原来，班主任之所以如此维护那些父母"当官"的孩子，一方面是因为那些孩子的父母的确是当地某些事业单位的领导，另一方面则是班主任私下收取了好处，所以"理所当然地"要"特殊"对待那些孩子，让他们享受"特权"。

最终，这名班主任被撤职，全校通报批评。

从某种程度上来说，学生如同"白纸"，教师则手持画笔，他们怎么描绘，"白纸"上就会呈现出怎样的图案和形状。教师若一味地强调

"特权"，学生就会逐渐错误地认知自己的身份，觉得自己高人一等，理应得到特殊照顾。长此以往，极易养成傲慢无礼、目中无人的品性，这无疑是一种悲哀。

杜绝搞特殊化，教师要做到严守规矩，照章办事，端正思想，摆正态度。具体说来，可从以下几个方面尽教师之责、展教师之能、树教师之风。

第一，做规矩的遵守者。某些学校存在"权力决策""经验决策"的现象，这便容易造成权力失衡。所以，不管是教师还是校领导，都必须以身作则，切勿破坏规矩，多"照镜子"，常自我审视、自我发现、自我革新，严禁"讲人情不讲原则、讲关系不讲程序、讲面子不讲规矩"。

第二，做纪律的捍卫者。党纪国法不可违。为人师者要严守纪律，不搞特殊、没有例外，要敬畏法纪和制度，慎初、慎微、慎行，明确纪律是不可触碰的高线，同时也是注意教育工作的警戒线，以防不辨方向，迷失自我。

第三，做师风的守护者。教师的风尚风气，直接关乎教师队伍在社会大众眼中的形象。身为教书育人的园丁，要勇于担当作为，避免责任心缺失、事业心不强等问题，不追名逐利，不醉心于安逸享受，安心从教、廉洁从教，树立教育的新风正气。

规则是运行、运作规律所遵循的法则，广大教师务必明确规则、牢记规则、遵从规则，做到表里如一，在心中立起规矩，让学生和自己都因规矩变得更好。

第三章

履职尽责，以廉洁之光照亮学生成长之路

　　三尺讲台育桃李，一支粉笔写春秋。小讲台彰显大能量，为人师者，要埋首案头、笔耕不辍，将身心投入到伟大的教育事业中；勤勉耕耘、兢兢业业，时刻以廉洁傍身，自律自省，始终坚守自己的岗位，牢记教书育人使命，让教师这个职业闪闪发光。

1. 为人师表，树立廉洁形象

　　教师作为学生的引路人，一举一动都影响着学生的成长与发展。因而，教师要树立廉洁形象，助力学生形成正确的价值观和道德观。

　　为人师表，自当廉洁从教。贪念旺盛难为人师，唯清正廉明才是为师之本。身为教师，必须做到躬身自省，处处讲廉、时时倡廉、事事践廉，做出正确的行为示范，树立起良好的榜样。

　　教师在日常的教育实践中，如何才能树立廉洁形象、成为廉洁榜样呢？

　　第一，要有廉洁从教的意识。要严格遵守教师职业道德规范，不利用职权谋取私利，不参与违法活动，坚决抵制钱学、权学交易。同时，教师要注意保护学生的权益，坚持维护学术诚信，拒绝任何形式的考试作弊和学术不端行为。

　　第二，要充分认识到自己的使命和责任，将学生的学习成长和发展放在首位。为人师表需先自重，教育并不是索取，而是一种奉献。教师要保持敬业精神，认真备课、批改作业、关注学生的学习情况、及时为学生解决学习和生活中的问题等，适时给予积极的指导和帮助。

　　第三，重视提升自我修养，不断丰富知识储备，增强综合素养。教师可以通过参加专业培训、学习教育心理学和教学方法等方面的知识来提高自己的教育水平和教育能力。同时，要有持续学习的热情，不断充实自己的头脑，增加自己的知识储备。

第四，时刻保持清醒的头脑，增强自我约束意识，时刻提醒自己不得以权谋利。教师要明确廉洁是一种内心和行为上的自觉，不仅要在工作中廉洁，更要在生活中坚守廉洁自律准则。

第五，严格遵守国家法律法规，并深入了解教育行业的相关法律法规，确保自己的行为符合法律规定。还要建立透明的工作机制，明确工作流程和责任分工。更要严格执行学校的规章制度，杜绝任何不正当的行为，并主动向学校和监管部门报告自己的工作情况，接受监督和检查。

"根深不怕风摇动，树正无愁月影斜。"教师能够做到心正、身正，自然会拥有正直高尚的品德，从而树立起廉洁形象，赢得学生及同行，乃至社会的尊重和信任。

✳

　　刘薇是某校一年级班主任。新学期伊始，不少家长都渴望自己的孩子能够得到班主任的额外关注。这天，一名家长趁着教师节找到陈薇，递过去一个信封说："刘老师，孩子在家里给您做了个小礼物，请一定收下。"当时刘薇真的以为只是孩子做了贺卡之类的小礼物，就直接收下了。

　　回到家后，刘薇打开信封一看，原来在贺卡里面还夹着一张加油卡，她顿时明白了一切。第二天，她把信封偷偷放在孩子的书包里，并通知家长自己准备了小小"回礼"。其实，她写了一封信。在信中，她首先表达了谢意，同时更希望家长能够理解、支持并配合教师的工作，不要做出任何干扰公平的举动。从那之后，那位家长再也没提"礼物"的事情。

还有一次，一位家长旁敲侧击，想知道刘薇的家庭住址。刘薇心知肚明，开门见山地说："不管有什么事情，我们都可以当面谈，关于孩子的任何情况，我都会知无不言言无不尽。"

刘薇很清楚，作为教师，必须坚守教育初心，绝不能失去教育者的风骨和师德底线。无论生活中还是教学中，刘薇始终严格要求自己，廉洁从教，恪守教师职业道德规范，为学生和同行树立了榜样。

❋ --

榜样的力量是无穷的，会影响人的思想、行为和价值观念。无论在哪个领域，榜样都发挥着不可替代的作用。因此，教师要争做廉洁榜样，树立廉洁形象，用言行举止去影响学生、熏陶学生、重塑学生。

教师是人类文化、文明的传播者，理应主动抵制腐败现象、消除拜金主义思想，努力做好学生成长路上的"垫脚石"和"引路人"。然而，个别教师违背了师德的基本要求，偏离了教育的轨道，出现不廉洁行为，物化了原本纯洁、干净的师生关系，严重阻碍了学生的健康成长，更损害了自身形象。

教师必须把"清廉"二字深深地刻在脑海里，保持平常心，认真执教、廉洁从教，多一些教学上的思考，少一些财物上的妄想，不断提升自己的教育观念和教学能力，这样才能成为一名称职的、有追求的优秀教师。

-- ❋

卢老师一心为学生，终身为教育，对学生关心关爱，她非常赞同教育家夏丏尊先生翻译《爱的教育》时所说的一段话："教育之没有情感，没有爱，如同池塘没有水一样。没有水就

不成其为池塘，没有爱就没有教育。"秉持着"教育有爱"的观点，她始终把学生放在第一位，深得家长的尊重和喜爱。

　　一次，一名学生的妈妈为了表示感谢，特地送给卢老师一双皮鞋，卢老师当即婉拒，家长便趁她不注意，把皮鞋放到办公桌下面，但放错了地方。与同事们闲聊时，卢老师才知道那双皮鞋放到了别的老师那里，后来她找机会送了回去。

　　时隔不久又发生了一件事。一名家长托人将一个成绩不好的学生送进了卢老师的班级，希望卢老师及其他老师能够多加照顾，还给每名任课老师都送上一份厚礼。卢老师见此情况，先是与同事们碰了头，表明绝不能收受家长的任何财物，得到支持后将礼物原封不动退了回去。

※

《说文解字》中有云："教，上所施，下所效也；育，养子使作善也。"这句话的意思是，教，即上面做示范，下面来模仿；育，即培养后代，让他多行好事。显然，为人师者既要教，也要育，要为学生树立榜样，成为楷模。

榜样的积极行为和优良品质可以激励他人，传递正能量。所以，教师在日常教学中，既要从自身做起，树立典范，也要在清正廉明的教学风气上身体力行，充分发挥榜样力量，廉洁立身、廉洁立世、廉洁从教。

2. 以身作则，争做"四有"好老师

2014年9月9日，习近平总书记在与北京师范大学师生代表座谈时发表了重要讲话，提出了好老师的特质：有理想信念、有道德情操、有扎实学识、有仁爱之心。

有理想信念，这是成为好教师的第一标准。广大教育工作者务必坚定理想信念，自觉成为共产主义远大理想的宣传者和中国特色社会主义共同理想的传播者。

＊

甘肃省平治市崆峒区柳湖镇纸坊沟小学教师张惠霞，是一个几乎将自己的全部时间花在学生身上的教师。每天早上6点20分，她起床并洗漱完毕后，便会带着一本书站在校门口迎接师生。7点50分，学校里的师生越来越多，张惠霞会与他们一起吃饭、打扫、做早操……待大家各就各位，准备上课了，她才会回到自己的办公室处理当天的事务。

作为一所农村学校的校长，需要"身体力行"的地方太多太多，疏通下水道、维修电路、充当安保……有人问她农村校长是什么？她回答："我认为是救火队、勤务员、服务兵，要耐得住寂寞，守得住清贫，把吃苦、吃亏当便宜占，把挨

骂、受气当表扬，调整好心态，满怀激情地干好工作。"

✳

有道德情操，意味着为人师者要明大德、严私德、守公德，加强师德师风建设，严守新时代教师职业行为准则，才能对学生的品行起到示范效应。广大教师务必以德立身、以德施教、慎独自律、省察克治，加强自我修炼，逐步提升自身师德水平。在社会大环境中、教育界的大生态下，为人师者必须有陶冶道德情操的自觉，献身教育，甘为人梯。

✳

"只要这里还有孩子，我就留在这里教书。就算我退休了，我还会让我的儿子来。"这句话出自罗光祥，他是一名在江西省赣州市南康区横寨乡最偏远的寨坑村红卫教学点执教四十三年的教师。

这所学校的条件十分艰苦，只有一间教室和一间办公室，学校周围也没有围墙。罗光祥任教期间，为了改善学校情况四处奔走，硬化了地面，让学生们不用再担心玩乐时变成"泥猴子"。在教学上，罗光祥也会与学生们一起制作教具，最大限度提升学生的学习兴趣。

学校缺水，学生们的手总是很脏，直接拿东西吃便容易生病，罗光祥就每天从家里带水给学生们洗手。有的学生因为家庭困难，无法上学，罗光祥便为学生垫付学杂费。村里没有商店，他就去十多里外的集市买回文具用品给学生使用……

2006年，中心小学打算将罗光祥调往乡里最大的村小当校长。这所学校距离县城近，学校环境和条件更好，罗光祥却拒绝了。他说："我离开了，这个点就有可能被撤掉，孩子们上学就要走十几里路去另外的学校了，他们才多大啊，这对他们来说实在太艰难了。"就这样，罗光祥一直扎根于此。

后来，罗光祥的儿子接了他的班，他高兴地说："我最开心的是儿子能够来到这所学校，接过我的教鞭，孩子们就可以在这个学校继续读书了。"

❋

有扎实学识，要求广大教师具备精深的专业知识和广博的通用知识。习近平总书记指出，学生往往可以原谅老师严厉刻板，但不能原谅老师学识浅薄。这表明，为人师者必须不断夯实专业基础，优化知识结构，善创新、乐创新，树立终身学习的理念。

❋

北京师范大学良乡附属中学地理特级教师王建，在三十多年的从教生涯中，始终坚守做一名好老师的信念。他说："教师的责任是培养人，培养对社会有用的人，要教会学生如何做人。当你看到自己桃李满天下的时候，那种成就感是真实的幸福与愉悦。"正是怀揣这种理念，王建埋首于教育领域，踏踏实实教书育人。

王建在教学上非常用心，当时北京市教委有一个重点资助项目——翱翔计划，目的在于培养中学生的科研兴趣，提升青少年的科技创新能力。王建根据该特色课程，深入思考了地理学科的特点，联系中国房山世界地质公园管理委员会、中国地质大学等单位，又是建基地，又是请专家，最终他主导的"中国房山世界地质公园探究项目"获批立项。

王建的专业知识水平毋庸置疑，他着力于开发建设乡土课程资源，并在教学中融入本土地理知识，创新地推出了立足于房山本土的地理考察和研学活动，还设计了很多充满趣味性和实践性以及文人情怀的项目，极大地激发了学生对生活的这片土地的热情。

✱ ┄┄┄┄┄┄┄┄┄┄┄┄┄

有仁爱之心，体现在教师要秉持宽严相济的育人之道，对学生充满关心与爱，要理解学生、尊重学生。为此，广大教师应常修"心学"，保持仁爱的心性，成为学生的好朋友、贴心人。

┄┄┄┄┄┄┄┄┄┄┄┄┄ ✱

"我们当父母给孩子的爱，还没有唐老师的一半多啊！"这是一位家长所说的话，而家长口中的唐老师，就是陕西省汉中市勉县新铺镇板庙教学点教师唐自银。

板庙教学点共有 58 名学生，3 个班级，分别是一、二年级和学前班。学校虽然有 3 名教师，但重任全在唐自银一人肩上。

每天早上 6 点，唐自银便开始打扫校园，7 点开始为孩子们烧开水。山里的孩子大多自带饼干、冷饭或蒸好的土豆或红薯等当早饭，唐自银便会为每个孩子倒一杯水。中午时，他会义务地给孩子们理发；放学后，他会骑摩托车去往三公里之外的汉江边护送孩子们过河。

2013 年国庆期间，因为连续降雨，汉江水位大涨，江水已经没过成人的大腿。在这种情况下，唐自银往返几次把十多名学生安全地送过江去。他返回时，从上游漂过一团荆棘，岸上的乡亲们连忙大喊，唐自银在水中急忙躲避，却被大水卷到一里多远的下游，最后苦苦挣扎才爬上岸来。

2014 年夏天，六个孩子睡在唐自银的宿舍床上，他便和妻子在椅子上将就了七个晚上。每到汛期，不能渡河时，唐自银就会担起学生吃饭和住宿的担子。他是一名把孩子放在心头，用爱培育祖国未来花朵的人民教师，是名副其实的"孩子王"。

✳

"四有"好教师应具备的特质，是新时代每一名教师都要拥有的，广大教师要致力于培养中国特色社会主义事业建设者和接班人，立足于家国情怀、集体精神，以德从教、以爱从教、以廉从教，以身作则，争做"四有"好教师，甘当时代"大先生"。

3. 诚信为本，立足岗位倡廉洁

《论语·为政篇》中云，"人而无信，不知其可也"。诚信是为人处世的基本原则。对于教书育人的教师来说，诚信是立身之本，是践行社会主义核心价值观的实际行动，更是实施一切教育行为的基础。教师立足岗位，讲诚信、守诺言，不仅关系到自己的声誉和形象，也会为整个教师队伍增光添彩，让社会对教师这一职业充满尊重和敬佩。

教师的诚信形象，会让学生更有"安全感"。师者，人之模范也，教师的一举一动都会起到示范效应，所以教师讲诚信、守诺言，学生会看在眼里，记在心里，在不知不觉中进行效仿，这便是师德的潜移默化的作用。

诚信更是廉洁的前提和保障，广大教师务必立足岗位，敬廉崇洁、诚实守信。

--------------------------------- ✳ ---------------------------------

庄元军，临江市六道沟镇小学教师，他教授过语文、数学、美术、音乐等学科。

他刚参加工作时，教学条件十分艰苦，空荡荡的教室只有一块破旧的黑板，几张桌椅和几名眼睛里满是胆怯的学生。但就是在这个简陋的教学点，庄元军一干就是二十年。

2006 年 8 月，他所在的教学点撤掉后并入其他学校，三年级的学生可以去往镇上的中心校住宿就读，但三年级以下的学生依然要留在镇上的村小就读。当时镇上安排教师流动任教，而向阳村的教学点地处高寒山区，几乎没人愿意去，庄元军便主动请缨，自愿前往向阳村继续教书。

"大山深处的孩子们需要我，我不能走！"这是庄元军对孩子们的诺言，也是他对教育初心的坚守。带着这份信诺，庄元军三十多年如一日，立足岗位，安心从教，无论面对多大的困难、无论条件多么清苦，他始终怀着热情从教。

三尺讲台勤耕耘，一支粉笔写春秋。庄元军带着对教育事业的一往情深，把全部精力都奉献给了乡村教育事业。他多次放弃转校调岗的机会，立足岗位、立足实践，以党员的要求律己、以师者的情怀育人。

＊

新时代的广大教师，应多学榜样和典范身上的精神，自觉加强师德修养，以诚信从教，以廉洁从教。

《广潜书》中云："善之本在教，教之本在师。"意思是向善的根本在于教育，而教育的根本则在于教师，这突出说明了教师在育人向善方面的主导作用。教师的诚与廉，会自然地糅合进言行举止之中，从而对学生产生潜移默化的影响。

作为一名人民教师，要始终把"两袖清风诲莘莘学子，洁身自好树师德风范"的信念记在心头，把廉洁、诚信、公正等优良品质融入生活和教学的点点滴滴中，在任何情况下都要稳住心神、守住气节、顶住歪风、经住考验。

蒋芸，中共党员，某交通职业技术学院招生就业处处长，同时也是一名语文老师。作为一名教师，她严格遵守教师职业道德规范和各项教师准则，立足于本职岗位，勤勉敬业，无私奉献；作为一名党员干部，她更是不忘党的理想、信念和宗旨，勇担当、善作为，坚定立场，不忘初心。

很多人都想托关系、走后门，比如一些家长希望蒋芸多关照自己的孩子，于是私下通过各种方法接近、拉拢她，甚至不遮不掩地贿赂她；另有一些家长或单位的"关系户"，想请她帮忙安排人员就业，诸如此类的请托她都一一拒绝。

在她看来，作为教师要讲诚信、讲廉洁，要公平对待每一个学生，对得起教书育人的责任，以诚从教，做职业教育的奉献者。而作为党员干部，就更需要时刻保持警惕，充分发挥领头雁作用，果断对贪腐行为说不，主动抵制一切歪风邪气。

在其位，谋其职，负其责，尽其事。身在教育领域，为人师者，就要做好教师的本分，立足于自己的岗位，勤勉务实、脚踏实地。一面提升自己的专业技能和自身素养，一面提升个人道德品质和思想修为，与诚信守法同在，与厚德廉洁同行，履职尽责，爱岗敬业，立志做让学生满意、家长满意、人民满意的好教师。

4. 职责为要，让教育更有力量

　　每个行业都有对应的职业规范和要求，每个岗位也都有自己的工作职责，身处一个行业，置身于某一岗位，就要全心全意，履职尽责，以职责为要、以使命为先，发挥自己的光和热。

　　投身于教育事业中的教师，也要明确一点：身为人师，要意识到自己肩上的担子，要为培育更多优秀人才辛勤耕耘，绝不能一边享受教师身份为自己带来的幸福感、荣誉感，一边违规违纪。

　　国有国法，家有家规，身为教师，要自觉遵从各项规章制度，做好原则的"守门员"，树立制度和规矩意识，并正确看待工作，廉洁自律、省身自查，从源头上预防和解决一切腐败问题，作一名受学生尊重和爱戴的优秀教师。

　　首先，教师应该始终保持诲人不倦的精神，对待学生有耐心、有恒心，重视个体差异，因材施教，切勿以偏概全，导致"好学生"一直好，"差学生"一直差。

　　同时，要坚持以人为本，尊重学生的人格，平等对待每一名学生，杜绝讽刺、挖苦、嘲笑学生。

　　其次，教师应该具备较高的专业素养。广大教师应不断学习并提升自己的专业水平，跟上时代的发展和教育改革的步伐。为保障教学效果，教师要多关注教育研究和教学实践的最新成果，不断改进自己的教学方法，以更好地履行自己的职责，为学生提供更高质量的教育。

同时，教师更要为人师表，关爱学生，并积极反思自己在教学中出现的问题，确保自己的言行举止符合教师行为规范，严于律己，做出表率。

再次，严格要求自己，不做违反师德和良知的事情，更要杜绝一切损害国家利益、学生及学校利益的行为，以廉傍身，洁身自好，筑牢公道正派的坚固防线，树立积极正面的形象。

最后，教师应该保持对教育事业的热情和责任感。教育事业是一项光荣而伟大的事业，教师应该对自己的工作充满热爱与重视，要有将自己的青春与热情全部投入到教育事业中的决心和信念。无论何时都不放弃、不退缩，尽心尽力，以责任为先。

---- ✳ ----

四川省绵阳市安县桑枣镇桑枣中学校长叶志平，被网民称为"史上最牛校长"。因为他所在学校在汶川大地震中无一人伤亡，这都源于他对工作的认真负责。他曾四处筹措资金，只为加固学校教学楼，由此将原本并不坚固的校舍变成了"放心楼"。同时，为了让师生在面对突如其来的事故时沉着应对，他坚持开展避震演练。

叶志平用自己的实际行动诠释着一名教育工作者应担起的责任，而他在重建校园时的态度更令人钦佩和称赞。

震后重建校园工作启动后，有承包商趁机向叶志平行贿，以此承接重建工程，却被叶志平果断拒绝了。他说："今天我收了你的钱，明天我的学校就少了钢筋水泥，我的良心就多了个大窟窿！"

✳ ----

不贪图个人名利，始终把学生、学校的利益放在第一位，用爱与责任履行自己作为教育工作者的使命，这样的叶志平是当之无愧的优秀师者。

为人师者，必须做到言行一致，以身作则，无论是在课堂上还是在日常生活中，都应该保持良好的职业道德和行为规范。教师的言谈举止应该体现尊重、公正和友善，要坚守职业底线，守廉洁清正之风。

苏霍姆林斯基说，教师不仅是自己学科的教员，而且是学生的教育者、生活的导师和道德的引路人。由此可见，教书并不是教育的唯一，也不应该是教师的全部责任，广大教育工作者要深入了解自己的职业属性和特质，在学生眼中，教师的一举手一投足都会被视为表率。因而，教师要格外注重自身修养，增强责任意识，主动改掉"懒、空、浮、骄"的作风。

"懒"即懒惰，表现为消极怠工、精神懈怠、工作懒散等。一旦教师沾染上"懒"，就表明其并不尊重自己的教师身份和职业，更谈不上忠诚履职、尽职尽责了。为此，广大教师必须学会为自己的思想"开刀"，从根源上解决懒于思考、懒于学习、懒于教学等问题，积极投身于教育事业，锐意进取、勤于思考，为广大学生和同行树立勤廉榜样。

"空"即空想、空谈。在为人处世和日常工作中常说"假大空"之类的话，只会空喊"为人师表、廉洁从教"的口号，却从没有实际行动，这种形式主义、官僚主义作风极其不利于纯洁干净的师风建设。因而，教育工作者务必端正思想，实事求是，在工作中真抓实干，以学生和学校的利益为先，以自身职责为要，让教育更有力量。

"浮"即浮躁、急躁，不沉稳，不能全身心地投入教育事业，不能真正把学生和学校利益摆在第一位。比如在日常工作中，难以控制个人情绪，与学生和家长沟通存在障碍，且无法很好地完成教学任务，更不能在学生的品德修养上做出榜样。教师越是心浮气躁，越容易失德失范，继而做出各种不廉洁行为等，有损教师队伍形象。

"骄"即骄傲自满，独断专行，不善于听取他人意见，对于正向、积极、合理的建议也置若罔闻。通常，这类教师拥有较强的专业技能，容易滋生出骄傲情绪和自满心理。

归根结底，广大教育工作者应始终恪守教师职责，做好本分，言行举止都要符合师德师风言行规范，以彰显自身的修养与道德。

5. 清廉为师，不做违法乱纪之事

　　明朝忠臣于谦一生清廉，刚直不阿，他留下的那首脍炙人口的《石灰吟》，将自己一生清白，不怕牺牲，坚守高洁的情操表露无遗。

　　投身于教育事业中的每一名教师，都要俯下身来，甘为孺子牛，立足于岗位，从自身做起，为人师表，匠心育人，在生活上关爱学生，了解学生，时刻想着学生，服务学生，真正走进学生的内心，让学生体会到来自教师的爱与关怀。在教学中，要扮演好学生通往知识殿堂的引路人，注重提升自己的专业能力，改善教学方法，不断学习和更新自己的知识，更要反思和客观评估自己在教学中的表现、情绪等，做到用心执教、廉洁从教。

　　在教育领域，不少教师既是师者，也是共产党员，这样的双重身份赋予了岗位新的意义和内涵。为人师者，要以教书育人为要，而身为共产党员，则必须更加严格要求自己，不断提升自身觉悟，锤炼党性；认清自我，远离贪污腐败；终身学习，夯实理论之基，如此才能培养廉洁奉公、廉洁从教的勇气，从思想根源上杜绝不良风气的侵蚀，以免自己"腐化变质"。

--- ✳

　　李某，共产党员，某校二年级语文教师，因教学业绩出

色，被提拔为学生处学生管理科科长。

做了领导的李某本应不辱使命，不负所望，继续在岗位上发光发热，他却没能守住底线。某天，他独自加班审核学校应届毕业生奖学金统计表，面对数十万元的奖学金，他的内心动摇了，欲望膨胀了，头脑一热，便偷偷地增加了统计表中奖学金的总额，比原金额多出十万余元。

接着，李某绞尽脑汁，以欺骗的方式让校领导在假报表上签了字。他将实际应发的奖学金逐一发放后，扣下了虚报的十万余元。拿到钱的李某既紧张又惊喜，想着自己手中的"权力"原来这么"管用"，只要稍微动动手脚就可以轻松得到甜头。

几天后，学生处领导在会上说了一段话，深深地触动了李某的内心："你们能够取得今天的成绩，坐到现在的位置都很不容易，一定不要在经济上出问题。"坐在台下的李某内心忐忑不安，开始反思自己的所作所为。很快，他主动上缴了截留的十万余元，并交代了自己的问题。

法纪铭于心，清廉践于行。李某身为教师，没能做到忠于岗位，尽职尽责，为人师表，廉洁从教；作为党员干部，更把廉洁自律、克己奉公抛诸脑后，显然是被利益迷住心窍、遮住双眼了。

廉洁是一种责任，也是一种操守。作为新时代的教师，务必把廉洁自律作为精神食粮，立足岗位，做好本职工作，知法、学法、懂法、守法、用法，坚决不做违法乱纪之事，守住底线，时刻保持清醒，立足师德师风根本、守住师德师风灵魂。

"清如秋菊何妨瘦，廉如梅花不畏寒。"广大教师要自觉把牢思想关、品行关，严明纪律、清廉自守，要真正懂得廉洁的含义，不断改造自己的世界观、人生观、价值观，正确看待权力、名誉和利益，以身作则，行为示范，坚持底线思维，守住清廉红线，不戚戚于名利、不汲汲于富贵，怀有一颗平淡之心，踏实工作、爱岗敬业，让理想和信念在岗位上闪闪发光。

朱珪，乾隆年间进士，曾任两广总督。他一生清廉自守，克己奉公，从不徇私枉法。他曾是嘉庆的老师，去世时，嘉庆万分悲痛，写下挽联："半生唯独宿，一世不言钱。"

朱珪还慧眼识人，在任礼部侍郎，典江南乡试时，看中了乡试成绩只有第八名的阮元。阮元走上仕途后，时刻不忘老师的教诲。后来，阮元也成为一个严于律己，从不收取他人财物的廉官。

"铁面无私，凡涉科场，亲戚年家须谅我；镜心高照，但凭文字，平奇浓淡不冤渠。"这副对联也出自朱珪之手。1786年，作为督学的他回到家乡监考，深知昔日不少故旧门生和亲戚友人会打起他的"主意"。为了防止大家"走后门"，他写下这副对联，并悬挂在办公大厅的门口。

这副对联贴出来之后，那些本想托关系、走后门，想借着师生情谊达到目的的人都不敢行贿送礼了。

廉洁是一种处世态度，它要求一个人在思想上和行为上都要自觉抵制诱惑。因此，为人师者要守住本心，以清廉为师，以法度为基，在岗爱岗，从业敬业，时刻以法律和道德规范要求自己、约束自己，在教育这片沃土上深耕细作，真正成为思想文化的传播者，莘莘学子的引路人。

第四章

爱在心间，廉洁从教是师德之本

师德规范有一条基本要求——关爱学生，这意味着教师要拥有高度的责任心和使命感，全身心地爱护每一名学生，深切地关怀他们。而教师对学生更深层次的爱的体现，便是廉洁从教。

1. 甘为人梯，无私奉献担使命

2022 年 4 月 25 日，习近平总书记在中国人民大学考察调研时指出，教育是一门"仁而爱人"的事业，有爱才有责任。教育是国之命脉，师者则是教育之魂，所以师者在授教育人之时，必须怀有仁爱之心，要甘为人梯，甘于奉献，才不枉师者的使命。

2019 年，西安交通大学"西迁人"爱国奋斗先进群体被授予"最美奋斗者"称号，颁奖词中有这样一段令人心生感触的话："你们是铺路石，金子般闪耀在岁月的最深处，你们是螺丝钉，钻石般旋转在共和国的年轮里。"为人师者，肩担使命，要立志成为学生学业上和人生路上的引路人，这是师者的本分。

＊

李龙梅是重庆市特殊教育中心校长，曾获全国教书育人楷模，全国三八红旗手等荣誉称号。她是一个充满仁爱之心的教育工作者，二十余年来倾其所有，让七百多个视障学生走出校园，走上属于自己的人生道路。她忠于教育事业，甘为人梯，无私奉献的精神值得每一名教育工作者学习。

2001 年，李龙梅被任命为重庆市盲人学校（重庆市特殊教育中心前身）校长一职。当时，陈旧的教学楼、简陋的教学设备、自卑敏感的学生，让李龙梅内心充满忐忑。然而，这些孩子对知识的渴求、对生命尊严的渴望，激发了她强烈的使命感和责任心。

某天晚上，一名衣衫破烂、流着鼻涕的视障学生找到她，告诉了李龙梅自己因为残疾幼时被父母抛弃，而后进入福利院的经历，还说："听说您很漂亮，我可以摸一摸您的脸吗?"这名学生的讲述和温柔的抚摸带给李龙梅巨大的触动，她更加坚定了做孩子们"守护者"的决心。

打那以后，李龙梅不只是校长，还是学校的"清洁工"——她带头清理下水道、刷洗厕所；是学生们的"护工"——与其他教师一起给学生们洗澡、理发。李龙梅几乎把自己的全部精力都投入教育事业、投到学生们身上。

为了真正走进学生们的内心，李龙梅与学校其他教师行程三万多公里，家访四百余人次，了解学生们的情况。

根据视障学生听觉相对发达的特点，李龙梅将音乐作为学校特色课程之一，还成立了管乐团，聘请了专业教师。2012 年和 2014 年，李龙梅两次受邀率团参加"上海之春"国际音乐节；2015 年，李龙梅率团与中国交响乐团在国家大剧院同台出演"最好的未来"公益晚会；2022 年 3 月 4 日晚上，学生们在北京冬季残奥会开幕式的舞台上奏响了国际残奥会会歌……

李龙梅说："视障教育的意义就在于点'草'成'花'，改变残疾孩子命运，让他们自食其力、有尊严地活着。"

甘为人梯，无私奉献，李龙梅用自己的行动诠释了这八个字。她说："能看到我的每一个孩子挺起胸膛的样子，这就是我今生最大的欣慰。"

甘为人梯，意味着教师必须放下自我，秉承师德师风，肩负起培养社会主义事业合格建设者和接班人的重担，把全部的爱与热情投入到学校之中，投入到每一名学生身上，要发自真心地关爱他们，呵护他们，在看似平凡的岗位中做出不凡的成绩。

———————————— ✳ ————————————

2010 年，王云刚刚从师范学院毕业，被分配到一所偏远的农村小学当教师。他看着孩子们一双双渴望知识的眼睛，深深地感受到这里教育资源的匮乏。

第一次走进教室时，王云心中涌起一阵激动，随之升起一种责任感，他暗下决心，一定要用自己的知识改变孩子们的精神面貌。他发现，教室的条件极为简陋，没有图书、桌椅破旧，也没有足够的教学器材。

王云先是用自己微薄的工资购买了一些教学用具和图书，但也只是杯水车薪。无奈之下，王云决定自己动手改善教室的条件。每天下班后，他就制作各种教具，还在教室挂上色彩鲜艳的画作，只为了让教室看起来充满活力。他修缮破旧的桌椅，鼓励孩子们发扬艰苦奋斗的作风，教导他们越是在艰苦的环境中，越要勤学苦读。

三年过去了，这个偏僻的农村小学发生了翻天巨变。在王云的努力下，学生们变得更团结，学习成绩也逐步提高。

有的家长为了感谢王云，集资为他买了各种礼物，王云婉言谢绝了。他说："我只是一名普通教师，教书育人是我的本职工作，不需要刻意夸赞。"他的奉献精神实在令人钦佩。

✳ ————————————————————————

王云以自己的实际行动告诉我们，教师并不仅仅是传授知识的人，更是一座人梯，用自己的奉献与关爱去扶持学生的成长。他无私奉献、不畏艰难、不计回报的举动，深深地影响着每一名学生。

"春蚕到死丝方尽，蜡炬成灰泪始干"，教师的职业神圣而光荣。广大教师都应力争做一名合格的教育工作者，要始终把学生放在第一位，立足实际，勤业爱生，不断提升自身的师德修养，且要具备奉献精神，不计回报、甘为人梯，要对学生倾注满腔真爱，献身教育事业。

无私奉献，并不意味着教师会失去自我，相反，在奉献的过程中会体会到"利他"带来的能量，从而会把更多的精力投入教育事业。

甘为人梯，无私奉献，教师要以学生为中心，倾力培养，以教为志、以教为荣，要乐于奉献、不计报酬，用一言一行、一举一动诠释"捧着一颗心来，不带半根草去"的奉献精神。

教育是一项崇高、神圣、伟大的事业，而教师在这项事业中占据着举足轻重的地位，正所谓"经师易求，人师难得"，在教育事业中涌现出的每一位甘为人梯、无私奉献的教师都值得世人永远铭记。

————————————————————— ✳

"我只是一名普通的农村教师，只是为家乡的教育发展做了自己该做的事情，更应该感谢的是所有支持农村教育的人们。"这段朴实的话语出自盘晓红——湖南省永州市蓝山县楠市镇中心小学教师。

在一线教育岗位上，盘晓红甘于奉献，从不计个人得失。她曾在酷暑的天气里，连续 48 天走访了 15 个乡镇的 38 个自然村，深入了解了 65 名孤儿和特困学生的情况。

她坚信爱可以创造奇迹，而她的这份爱也得到了回报：经当地共青团、妇联组织牵线，社会各界人士纷纷伸出援助之手。盘晓红不顾个人家境贫穷的现实，成为五名孤儿的妈妈。她为每名孤儿都制订了学习计划，希望他们以后成长为对社会有用的人。

* ---

甘为人梯，无私奉献，说起来容易做起来难，这要求教师把一颗心完全扑在教育上，放在对学生的爱与呵护上，要求教师廉洁从教、持俭守节、坚定不移地把教育事业当作自己义不容辞的职责。

教师职业的神圣决定了每一名教师应当担起的责任和使命。教师只有始终坚持高尚的情操，甘愿献身于教书育人事业，不断努力、不断探索、不断实践、不断创新，怀揣真情、真心、真诚，饱含母爱又胜于母爱、饱含父爱且超越父爱，才会真正为学生、为学校、为教育播撒爱的阳光。

2. 不收受礼品，保持清廉作风

西汉桓宽《盐铁论》中云："欲影正者端其表，欲下廉者先之身。"简单来说，凡事必须从自己做起，必须端正自己的内心和行为，这样才能为他人树立榜样，也不容易受到歪风邪气的干扰。

引申来说，教师要想保持清廉作风，为他人树立廉洁榜样，在教育上彰显清廉无欲，必须远离能够腐蚀自己内心的一切人和事，从根本上抵制不良风气，正本清源。

保持清正清廉的师风，不收受礼品，是维护教育公平的关键。长期以来，"礼品收受"问题备受关注。教师应立志成为社会的尊者、心怀国之大者、立德树人的能者。培养清廉作风，对于教育体系的公正、权威和纯净有着重要影响。

现实案例已经证明了教师收受礼品对教育领域造成的负面影响。例如，个别教师接受学生或家长送来的贵重礼品，并因此导致道德和纪律问题。还有一些调查显示，个别教师通过索要和收受礼品来换取更好的评价和提拔机会，这无疑扭曲了教育评价体系的公正性。更有个别教师因为与家长建立了"亲密关系"，在课程设置和学生考试等方面行方便、开绿灯，严重地影响了教育质量和环境。因此，为人师者必须以身作则，坚守清廉，严守纪律，为学生树立良好的榜样。

王宇是一名中学语文教师，他对教育事业充满热忱。一次，他收到了一位学生家长送来的贵重礼物。他心里明白，家长以"感谢"自己的名义送礼似乎无可厚非，背后却意味着很多麻烦和诱惑。面对这位家长，王宇开诚布公，直接表达了自己的立场。他向家长解释，作为一名教师，他不能收受家长任何形式的礼物，这不但违反规定，也会影响自己的工作，更会误导学生和其他家长。

这位家长听完王宇的话后十分理解，也很认同他的说法。王宇提议，可以将礼物的价值捐赠给学校，这是支持教育事业的表现。经过协商，王宇将礼物当众捐赠，引起了学校和社会的广泛关注。

"趁热打铁"，王宇想借着这个热度宣传师者"廉洁不受礼"的观点，便主动联系了学校的宣传部门，还拍摄了一段视频介绍他的想法、做法。很快，这个视频在媒体和网络平台传播开来。通过这个视频，学生们和家长们对于"收礼和送礼"的态度和看法发生了转变，也明白了教育中应该追求的真正价值。

在现实中，一些教师能够以身作则，坚持自己的初心，不收受礼品，保持清廉作风。他们通过自己的实际行动影响了很多人，更为社会树立了榜样。清廉师风不仅是一种道德要求，更是教师的一种责任。

中国是"礼仪之邦"，礼尚往来也是传统文化之一，在人际交往越发频繁的今天，礼尚往来也成了再平常不过的事情。可是，礼尚往来也要区分对象和场合，特别是一些家长在给老师送礼送物时，表面上说是为了感激老师，实际上却"别有用心"，这样的"礼尚往来"自然变了味儿。

教师收受礼品的危害巨大，它会严重损害教师的崇高形象，也会对整个教育环境造成负面影响。

首先，收受礼品会导致教育不公平现象。那些给教师送礼送物的学生（或学生家长），往往会受到更多的额外关注，甚至优待。这将导致其他学生遭遇不公平，严重破坏教育机会平等的原则。

其次，收受礼品会导致教师不能客观地评价学生。一些教师在收受礼品后，会倾向于给予礼品赠送者更好的评价，这扭曲了评价体系的公正性。

最后，收受礼品会导致教育质量的下降。当教师将个人利益置于教育使命之上时，会偏离职业道德标准，不再专注于为学生提供优质的教育，这将直接影响学生的学习效果，从而影响整体教育质量。

古人云："礼下之人，必有所求。"送礼者不管是使用现金还是其他物品，目的只有一个：通过馈赠，影响受礼者做出公正决策。因此，教师必须认清礼品背后的"秘密"，保持警惕，擦亮双眼，涵养清正师德师风，不断树牢廉洁从教意识。

------------------------------ ✳

　　某校孙老师是一名十分称职的人民教师，他二十年如一日奋战在一线教学岗位，辛勤耕耘，默默奉献，且清廉正直，从不收受学生或家长任何形式的馈赠。他总是说："我是一名人民教师，教书育人是我的职责。学生的钱、家长的钱应该花在教育上，而不应花在对我的感谢上。"

　　在多年的教学生涯中，孙老师多次被授予优秀班主任、先进工作者等光荣称号。他还曾带领初三教师，连续多年创造中考录取率乡镇第一的出色成绩。家长们看着自己的孩子获得了质的飞跃，纷纷欣喜不已，一些心怀感激的家长先是私下里用手机给孙老师转红包，被拒绝后又当面送红包，再次被拒后又拿一些礼品礼物或土特产等表达谢意。无一例外，都被孙老师婉拒了。

他对家长们说："我是一名教师，我只是做了我应该做的事情。收受礼品违背了我作为教师的初心，更会破坏我廉洁从教的原则。"家长们听了这句话，只能带着感慨地收回礼物。

一心奉献，不求回报，更没有以任何方式索要回报的孙老师，在多年之后，收获了他应该获得的真正的回报：许多由他送出去的学生，逢年过节都会打电话问候他，与他谈天说地，这才是他收到的最好的礼物。

✳ --

教师不单单是一份职业，更是一种责任、一种使命。守住内心，清贫为教、廉洁从教，才是教师被社会尊重、被世人钦佩的主要原因。所以，教师要守住这份难得的荣誉，自觉抵制礼品诱惑，"树行业正气，守职业道德"。

3. 忠于职守，不谋私利

"一年之计，莫如树谷；十年之计，莫如树木；终身之计，莫如树人。"教书育人，为师之根本，教师从踏入教育行业之日起，就肩负起培养新一代的重任，把教师作为第一身份，把育人作为第一责任。作为教育工作者，教师务必始终忠于职守，秉持高尚的职业道德，不为自己谋私利。

✱

朱德发是中国现当代文学研究著名学者，也是一名共产党员。他的五四文学研究蜚声海内外，是新时期五四文化研究的重要开拓者之一。20世纪80年代初，他初步完成了《五四文学初探》《茅盾前期文学思想散论》等著作，并不停深耕，形成了自己独特的文化研究体系。

朱德发是一个把学术看得比生命还重要的人，在文学研究过程中坚持求真务实，同时他也是一位优秀的育人之师。

朱德发一生都在践行"师德"二字，他在教职工作上勤勉，在学术研究上精钻，且始终保持着清正廉洁的品质。作为著名教育家，作为桃李满天下的育人之师，他不曾收受过学生任何礼品、礼金。他说："国家给我的工资已经足够应付我的生活起居，我不需要这些东西，我更看重学生的资质、学识和学习能力。"

朱德发一生求真求实，不做伪学术，忠于职守，不谋私利，凸显出了令人钦佩的学术精神和人格魅力！

❋

师者，要明晰自己的责任，要始终坚定内心信念，忠于职守，默默奉献。

忠于职守，意味着教师要具有主人翁意识。不把自己当成普通的"打工人"。学校的发展与教师自身的发展紧密相连，这就更需要教师从内心认同自己的职业，自觉培养忠诚意识和爱岗敬业精神，改造思想、端正态度，成为推动学校发展乃至教育革新的强动力。

忠于职守，意味着教师要珍惜自己的职业。教师真正出于真心投身教育行业，就会拿出百分百的热情和努力，转而以忠诚之心守护它。只有全身心地投入自己的工作，才不会被金钱利益遮住眼、迷住心，才会永葆初心、廉洁从教。

忠于职守，意味着教师必须努力提升自身的素质和专业能力。教师肩担传道、授业、解惑的重任，这些都建立在丰富的知识储备上，教师要不断汲取新知识，这样才能更好地完成教育教学任务。

❋

张伯苓是中国现代职业教育家、爱国教育家，也是南开系列学校创办者。他践行公能教育、公益教育理念，坚持清廉办学，也因此有了"不爱钱的教育家"的称号。

他一生节俭，从不讲排场，烟酒不沾，不会打牌，更不会利用手中职权为己谋私利。他曾对夫人说："教育是清苦事业，所入无多，当量入以为出，家中事悉以累汝。"所以家中没有聘请一名仆人，所有家务均由夫人料理。

张伯苓始终坚持财务透明，他把账目均放置于图书馆内，任何人都可以去查。他不为自己置产业，没有一间房、一亩地。他常说："我用不着钱，我有这么多学生了，这都是我的儿女。"又说："我不给孩子们留钱，钱多了，他们就会产生依赖的心，不想做事了，反倒害了他们，我给他们留下德行，够他们一辈子用不尽的。"

张伯苓把一颗心全都扑在了教育事业上，对于金钱利益毫不在意。他不重视个人享受，却在设施和人才上十分豪爽。

1929 年落成的范孙楼，专门用于理科教学，这栋建筑便是张伯苓提议兴建的。这栋实验楼设施一流，在当时实属罕见。他还着力建立一支学识渊博的教师队伍，在这个过程中，他不遗余力地多方筹措资金。

不爱钱、不谋私的教育家张伯苓，用自己的一举一动践行着教育工作者的初心使命，无愧于人类灵魂的工程师。

✳ ┄┄┄┄┄┄┄┄┄┄┄┄┄┄┄┄┄┄┄┄┄┄

忠诚于教师职业，才能真正为教育事业做出卓越贡献。任何一个忠诚于自己职业的教师，都会一心从教，潜心治学，爱人育人，不慕名利。他们心中有大志，会始终坚定不移地朝着最初的目标稳步迈进。

在深化教育综合改革的今天，广大教育工作者更要正本清源，诚意正心，自觉养成忠诚于岗位、忠诚于事业的敬业精神，加强自我监管，主动自纠自查，剔除思想中的不良念头，摒弃利己主义，以无私的态度投身于教育事业。

------------------------------ ✳

　　某农村小学有这样一名教师，他淡泊名利，无欲无求，从不参选评比优秀教师，也不争先进，图高级职称，更没有当官的心思。他始终守着微薄的薪资，把时间和精力都投入教育事业。

　　在他眼中，功名利禄只是过眼云烟，能够教书育人，为社会培养栋梁之材才是最大的成就。所以，即便生活拮据，他也不会为了赚钱而外出务工；即便生病住院，医药费令其捉襟见肘，他还是怀着对教育的一腔热忱，躺在病床上备课，期待着病愈后以更好的精神状态面对自己的学生。

　　校方曾私下找他谈话，因为他在教育上有自己独到的见解，教学方法也得当，所以想把他推荐到县教委工作。可他婉言谢绝了，他说："看着孩子们渴望的眼神，我就在心里告诉自己，一定让他们通过知识改变自己的命运。所以，感谢领导的信任，我还是决定在这里扎根。"

　　他把一辈子都献给了教育，就算退休了，也恳请校方给自己在学校留个位置，每天按时到校，只是为了有学生"求教"时，他能够及时解惑答疑。

✳ ------------------------------

非淡泊无以明志，非宁静无以致远。忠诚履职，爱岗敬业，在这位教师的身上得到了完美展现，而他不慕名利，甘于清苦的精神特质更令人敬佩。

作为教育工作者，一方面要忠于自己的职业，忠于自己的内心，另一方面则要把学生摆在首位，给予学生更多的爱与关怀。

忠于职守，不谋私利，是教师的职责所在，广大人民教师必须在实践中"学为人师，行为世范"，深刻认识到自己的职业使命和责任，不忘初心，坚守清廉，为教育事业作出贡献。

4. 摆脱人情束缚，讲人情更讲原则

人情文化，古已有之，从人与人的交往来看，"讲人情"似乎难以避免，不然就很难融入集体生活之中。那么，不讲人情，只讲原则，就寸步难行了吗？当然不是，讲人情意味着或多或少要丢掉一些原则，这些被丢掉的原则，有时候往往触及底线。因此从这个角度看，教师绝不能过分注重人情，被人情牵绊，从而做出违背教师职业道德规范的行为。

教师需要频繁地与学生、家长，及同事领导等人建立良好的关系，很容易在这个过程中被人情所困，从而影响自己的工作和处世方法。要想摆脱这种困境，教师可以从以下几个方面入手。

首先，明确职业的本质。作为一名教师，首要职责是教育学生，提供优质的教学方法和指导。这要求教师具备专业知识和教学技巧，以及统筹规划和管理能力。同时，要重视良好师生关系的维系，必须保持客观公正的态度，根据学生的能力和努力程度进行教学评价，而不能被人情因素所左右。

其次，建立明确的界限。教师与学生、家长、同事乃至领导之间的关系应该建立在尊重和信任的基础上，无关于情感，否则很容易失去客观判断和自己的立场。教师应该明确自己的角色和责任，严格将人与人的交往与利益划分界限，面对各种人际关系的考验时，务必坚守内心原则和底线，保持独立思考，做出正确判断。

再次，建立健康的沟通方式。沟通是建立良好人际关系的前提，但教师必须确保沟通是基于真诚和客观事实进行的。在与学生和家长沟通，或是同事、领导交流时，要确保不私密、不隐瞒，公开透明，合乎情理，且不要随意接受他人私下邀请，继而做出违背职业道德规范的行为。

最后，建立自我保护机制。摆脱人情束缚并不意味着教师要彻底与他人划清界限，只要能够恰当地保护好自己的情感，不错误理解和看待人情，更不把人情与利益画等号。所以，教师要练就一颗强大的内心，抵抗一切腐蚀，这样就不用担心人情可能带来的羁绊了。

摆脱人情束缚，说起来容易做起来难，然而只要通过不断地自我反省和调整，就可以妥善处理职业与情感之间的关系，从而更好地履行教师的职责，为学生和教育事业的发展做出更大贡献。

-- ✳

张老师是一位在教育教学方面非常富有激情和责任心的教师。一次，她发现班上出现了一个问题：学生李明抄袭了论文。

按理说，张老师应该坚守自己的原则，决不姑息这种不道德的行为。然而，张老师不能"按常理做"，因为她多次私底下收受了李明父母的好处。

某年教师节，李明的妈妈先让李明给张老师捎去消息：放学后去某商场一楼咖啡厅。两人见面，寒暄了几句后，李明妈妈拿出一套习题，习题里还夹着一张美体美容卡。后来张老师才知道，原来李明妈妈在卡里储值了 5000 元，此后她在学习上更加照顾李明了。

还有一次，李明的爸爸私下找到张老师，借口询问李明的学习近况，快速塞给她一个盒子，说是出差带回来的土特产。等李明爸爸走后，张老师打开才知道是一张加油卡。有了第一次"收礼"，这次她也就不再纠结了。

"拿人钱财，替人消灾"，发现李明的问题后，张老师左右为难，一边是自己作为教师的责任，一边是学生家长的"人情"。思考再三，她还是妥协了，丢掉了自己的原则，私下帮助李明重新修改了论文。

然而纸包不住火，事情还是败露了。最终，张老师被校方开除。

＊

这种讲人情扭曲了教师应该牢固树立的权力观、地位观和利益观，也是助长不正之风的表现。

人之常情，难以避免，但作为育人之师，不能以丢掉原则为代价去讲人情，让个别学生"走后门"，享受特殊对待，这会严重影响教师队伍的风气，更会有损教师的形象和教育公信力。

不讲人情，不允许他人"走后门"，是教师的优良传统和作风。教师唯有严格执行政策规定，遵章办事，不越雷池，才能真正做到廉洁从教，才能当好榜样。

5. 不以分数论英雄，树立正确的教育观念

　　作为教育工作者，教师应该始终牢记，分数只是衡量学生学习能力的一个方面，而非全部。教师务必树立正确的教育观念，多关注学生的全面发展和个性发展。

　　在教学中，教师要把眼睛多放在学生的个性、思想、能力等方面，激发学生的内在动力。而过多关注分数，易导致学生出现焦虑、压力过大等问题。正确的教育观念应该是以学生全面发展为目标，培养学生的创新精神和实践能力，鼓励学生积极参与各种社会活动。

------------------------------ ✳

　　于漪，上海市杨浦高级中学名誉校长，全国首批特级教师、全国先进工作者、全国三八红旗手、全国教书育人楷模……于漪身上的光环十分耀眼，这一切与她认真执教、诚心育才密不可分。

　　于漪在教学中十分看重"人"的因素，她说"教得顶好就是教做人"，因而她注重讲授好每一堂课，把知识传授给学生，更注重德育、美育、体育、劳育，她从不以分数论长短，而是注重培养他们严谨细致的习惯。

　　她说："说到底我就是坚守了一个新中国教师的本分，因

为我深深地体会到，教育质量是教育的生命线。我讲的教育质量不是分数，是我们培养的人的质量。"

于漪十分反对"见分不见人"的错误做法，她重视将学生培养成全面发展的人。有一个学生语文成绩很差，于漪通过观察，想出了一个帮助他提高成绩的办法。

于漪发现这个学生整天都把裤子卷到膝盖，常常满脚泥巴，原来这个学生特别喜欢捉鱼摸虾。于是，于漪就让这个学生把捉到的鱼虾放到她办公室的脸盆里，他每天都可以去看。于漪这样做是为了培养这个学生的观察力和耐心。不久，这个学生写了一篇文章，十分生动，她把这篇文章印成范文，让学生们传看。

于漪的做法激发了这个学生的学习兴趣，让他充满信心，在学习上也更加积极、主动，后来他的语文成绩逐渐提高了。

在多年的教学生涯中，于漪总是会根据学生的特点因材施教，因为她追求的是让学生发展自己优势。

分数不能决定人的一生。就如于漪所说，教育的根本在于育人，为人师者只有认清这一根本，才配得上传道授业解惑的师者之名。

✳

分数只是评价学习成果的一种方式，不能完全衡量学生的价值。如果教师只看重分数，就会忽视学生成长中的关键要素，给他们造成不必要的压力和困惑。

✳

王老师在某市一所中学教书，他有着丰富的教学经验，对于教育，他也有自己的想法。在他看来，教育的目的是培养学生全面发展，绝不是单纯地追求高分数。他认为每个学生都有自己的特长和潜力，教师的责任就是发掘和培养这些潜力。

有一次，班级组织了一次写作比赛，王老师鼓励学生们自由发挥，写出自己真实的感受和观点。比赛结果出来后，他并没有公布成绩，而是单独找每一名学生，给予他们详细的评价和指导。

这次写作比赛之后，班级的氛围发生了悄然变化。同学之间在交流时也不再询问分数，而是探讨彼此对于同一主题的写作技巧和表达方式。大家也开始积极参加课外阅读，拓宽自己的知识面。王老师也给予了学生们更多的鼓励和支持，帮助他们发现自己的潜力和特长。

曾有学生家长为了让王老师"额外关照"自己的孩子，私底下多次邀请王老师参加宴会，甚至还堵到王老师家小区门口，他们大多带着丰厚的礼品，表达着对老师的感激和对孩子的期许。

王老师每次都婉言谢绝，此后鲜有再去送礼的家长。

❋ ---

教师不以分数论成败，才能堵住家长的"行贿之路"。提高学习成绩，不能指望给教师送礼就能实现，相应地，教师也绝不能让家长产生"送礼才会对孩子好"的错误观点。教师应树立正确的教育观念，遵守职业道德，坚守高尚情操，以培养具有创新精神和实践能力的人才为目标，做真正的育人之师。

6. 立德树人，严慈相济育桃李

《左传》中云："太上有立德，其次有立功，其次有立言，虽久不废，此之谓不朽。"意思是，立德有德、实现道德理想是人生的至高境界，其次才是追求事业，建功立业，再次为有知识、理想，著书立说。立德，在人生三不朽中居于首位。"树人"，是指人在青年时期形成的世界观、人生观、价值观至关重要。立德是树人是基础，不能立德，便难以树人。

国无德不兴，人无德不立。一个有德行的人，才能尊道守道，才能察己修身，才能真正坚持德育为先，通过正面教育来引导人、激励人、感化人。

立德树人，要求教师对教育饱含热情，愿意献身教育事业，对学生倾注爱与关怀，要坚持培养学生健全的人格，着眼促进学生全面发展，秉承让每个学生都能成为有用之才的教育理想。广大教师应坚持立德树人的原则，落实立德树人的根本任务，致力于培养德智体美劳全面发展的社会主义建设者和接班人。

在教书育人上，教师充当着引路人的角色，但不能将教书与育人剥离。育人，意味着培养和塑造，教师应真正走进学生的内心世界，了解他们，理解他们，发现他们身上的闪光点，鼓励他们力争上游，而不是打击他们，更不应因个人私心对他们产生偏见。

冰心在为《应该尊敬的人》一书作序时写道："从我的人生经验中，除了父母之外，一生自幼至老，在学识的成长上，人格的修养上，都是受益于老师的教诲，时至今日，每逢在生活中有情绪上的波动或工作上的挫折时，我总能从回忆中的某一位老师的充满慈爱的教诲中得到安慰。我深深感到爱是教育的基础。"

教育是一项充满爱的事业，这份爱是严格与慈祥的结合，是深沉的爱、理智的爱。带着这样的爱从教，教师更容易培养出对社会有益的人，同时也会让自己对教育的理解更深刻、更准确。

✳

林崇德，北京师范大学教授、全国师德标兵，多年从事教育工作的他，用真心与爱心关怀着每一名学生。

作为研究生导师，很多学生都曾给他送礼送物，但他一概不收；身为大学教授，他有太多外出讲学和评审的机会，他也从不借机敛财，多收讲课费和评审费，而且还曾多次把超标准的酬劳退还或寄回。

一年冬天，某校领导和同行冒着大雪，带着礼物来看望林崇德。想不到一见面，林崇德便说："你们要给我送礼，就连门也不要进了。"就这样，几个人在楼下的自行车棚聊了半个多小时，分别时，林崇德还不忘提醒他们带走礼物。在外人看来，林崇德似乎太没有人情味儿了，可他认为，如果教师做不到问心无愧，就不能为学生树立良好的榜样。

林崇德对自己"很严"，对学生却"很慈"。凡是学生的问题，他都会考虑得很细致，就算学生离开学校，他也依然不忘关怀，会为他们争取晋升职称的机会，会推荐就职，会帮助解决留校生的住房问题，会为他们的婚恋情况费心费力……

❋ ┄┄┄┄┄┄┄┄┄┄┄┄┄┄┄┄┄┄┄┄┄┄

"严师出高徒"是传统的教学理念，主要是说教师只有更严格，学生才能够成才。时至今日，"严师"应该有新的含义，即真正的"严师"，不只是对学生要求严格，更要对自己加强管理和约束。就如林崇德那样，要先管好自己，才能管好学生。

"严"并不意味着呵斥、责备和过度管教，而是要遵循一定的章法，做到严中带慈，这样才能真正让教育发挥出更大效用，为社会输送更多人才。

"严中带慈"，无外乎就是在严格要求学生的同时，要注意方式方法。

首先，让学生明白为什么严。教师可以严，但要立足于为学生身心发展及教育规律的出发点去"严"，做到以理服人，让学生心悦诚服地被约束、被管教，这样更利于教育工作的开展。

其次，要有一定的尺度，因材施教。"棍棒教育"早已不适用于今天的教育领域，所以今天的教师严教、严管时，必须注意尺度和分寸，要视学生的实际水平、理解能力和承受能力而定，对待不同的学生施以不同的方法，做到严而有度、严不失格。

再次，讲求方法，严而不斥。在传统观念中，"严"总是伴随着刺耳的斥责声，这既让教师因心生怒气而伤身伤神，更让学生一时间无所适从。所以，今天的教师在教育上要多用方法，少用情绪，让学生乐于被管理、被教导。

最后，持之以恒，让学生终身受教。教师对学生的严管要有始有终，持之以恒，让学生在接受良好教育之后，在其学习生涯中要常指点、常督促、常检查。待其走向社会后，还能将教师的教导铭刻于心，这才是教育的终极目标。

　　教师是一份"良心活儿""苦差事"，既然身为人师，就必须肩扛重担，始终如一，且要做到严出于爱、爱寓于严，以德从教、廉洁从教，发挥出教师的引导作用，为教育事业的发展奋斗终身。

7. 恪守职业道德，争做廉洁楷模

　　为人师者，要认清自己的教师身份，明白什么该做，什么不该做，主动远离腐蚀思想的不良风气，全身心地投入教育事业，为培养国之栋梁尽心竭力。要廉洁从教，抵制腐败行为，加强师德师风建设，争做廉洁楷模。

　　首先，严于律己，克制贪欲。贪乃万恶之源，要想剔除心中贪欲，教师必须端正其心，面对金钱利益要保持头脑清醒，时刻注意自己的言行举止，做到衣着朴素、举止得体，言行要与自己的身份相匹配，"勿以恶小而为之，勿以善小而不为"，绝不让欲望迷失自己。一旦有过一次非分享乐，贪念就会如决口的堤坝一发不可收。所以，必须始终把师德放在第一位，严格要求自己，舍弃贪欲，避免沦为金钱的奴仆。

　　其次，淡泊名利，保持平常心。看淡名利，才不会陷入追名逐利的旋涡之中。个别教师把名利看得过重，在升迁、晋级方面绞尽脑汁，一门心思想着如何身居高位，这会导致内心浮躁，心态失衡，从而出现失德失范的行为。腐败往往会在这时慢慢滋生，趁着廉洁意识薄弱时侵入，诱导做出不廉洁行为。所以，教师要看清名利，认识到教书育人的意义，树牢反腐的思想观念，廉洁从教，清白为师。

再次，提高思想觉悟，提升专业水平。"三尺讲台勤耕耘，一片丹心育桃李"，教师要明确自己的岗位职责，认识到自己作为"人类灵魂的工程师"的崇高使命，树立大局意识、责任意识，坚持底线思维，同时加强学习，不断提高政治素养，保持良好的社会公德、职业操守，关注教育领域的重点、热点，将自己置身于整个社会发展的全局中。

最后，遵规守矩，合理用权。遵纪守法是每个公民的责任和义务，教师也不例外。教师作为教育领域的主体，更要以身作则，率先垂范，带头遵守各项规章制度，恪守教师职业道德规范，依法执教、廉洁从教，为学生做出表率。同时，教师要善用手中权力，时刻保持敬畏心，意识到手中的权力不是自己谋私利的工具，公正做事、清白做人。

-- ✳

2018 年 10 月，某报曝光了一起某高校教授李某学术不端的事件。李某本德高望重，在所在院校及相关领域颇有声望，然而他却至少有 15 篇论文存在抄袭或一稿多投等学术不端问题。此外，该院校学生也反映该名教授的教学态度不端正。

事件曝光前，李某在主要学术期刊数据库中有着丰富的中文著述，其中以他为第一或第二作者的中文文献就超过 100 篇。

事件曝光后，李某向媒体表示，自己的某些论文的确存在一些问题，可那是在他早期的学术生涯中出现的，那时候刚读研究生，初入学术之门，不懂规范。

然而，李某的一面之词还不足以洗掉自己涉嫌抄袭的嫌疑。他所在院校很快做出反应，核实事实后发布了对他的处分决定，包括行政记过处分、党内严重警告处分、取消研究生指导教师资格等。

＊

学术不端的危害巨大，它严重破坏了正常教学秩序及学风建设，是教育工作者师德失范的表现，会严重损害个人声誉并给所在单位带来很坏的影响。广大教育工作者要恪守职业道德，做学术研究要恪守学术道德规范，绝不能沽名钓誉，否则只会害人害己。

恪守职业道德是廉洁从教的基础，教师要想成为廉洁楷模，务必慎言慎行，从一点一滴做起，从小事做起，从自身做起，洁身自好，不贪不占，才能保住自己的清廉名声，才能成为受人尊敬的人民教师。

古人云："不受曰廉，不污曰洁。"廉洁从教要求广大教师深刻认识到腐败在教育领域所产生的危害，从而明确廉洁从教的意义和内涵。因此，教师既要把廉洁当成从教之本，也要当成做人之本。

＊

孟老师是一名在乡村工作了十三年的平凡教师，她的身上有着优秀教师所具备的各种品质，也是一位名副其实的"四有"好老师。

她像慈祥的母亲一样关爱着每一名学生。天气变冷时，她会叮嘱学生们戴好手套，户外时穿好外衣，口渴时不要喝凉水……

孟老师还喜欢与学生分享自己的一些读书感受，学生们也常常围在她身边，听她讲述种种人和事，从中学习如何面对挫折，如何克服困难。

孟老师常挂在嘴边的一句话是："学高为师，身正为范。

正，言行举止要正，更要有正气之风。"最初她刚刚踏入教师岗位时，总会利用自己的空闲时间免费为学生辅导。

有一名学生的奶奶很受感动，对孟老师说："孩子，多亏你的辅导，我的小孙女才有那么大的进步……这是我的一点心意，你一定拿着。"说着，奶奶从口袋里掏出一把零钱，加在一起有二十多块钱。孟老师见状，连忙拉住奶奶的手，温柔地说："大娘，您不用给钱，这是我的职责……"

还有一次，班级的小组组长把大家的作业情况汇报了上去，孟老师抽查时却发现一名同学作业没做完，她有些生气，质问组长为什么汇报时说自己的小组都完成了作业。组长无言以对，羞愧地低下头，结结巴巴地说出了原因。原来，那名没有完成作业的同学给了他一个笔记本，让他为自己"保密"。

孟老师一听，更加生气，说小小年纪居然学会了贪占便宜。她马上在黑板上写下"正气"二字，与全班同学一起探讨什么是"正气"，以及要做什么样的人。

❋ ---------------------------------

教书育人，顾名思义，教师要一边教书，一边育人，传递知识是基础，最重要的是教导学生日后成为什么样的人。案例中的孟老师，用自己的一言一行、一举一动为学生们做出榜样，她期待学生们有正知正见，能够在自己的影响下成才。

为人师者，应站在时代的高度、育人的高度，肩担使命，终身为师；在平凡的岗位上刻苦钻研，撑住信念、守住清贫、耐住寂寞、抵住诱惑，做到一次选择教师，一生奉献教育。

身教重于言教，自觉抵制不良教育风气

　　教育工作者要以身作则，身体力行，向学生传递正确的价值观。身教重于言教，教师的言行举止往往会对学生产生巨大影响。因此，在教育过程中，广大教师必须自觉抵制不良教育风气，做到思正、言正、行正。

1. 杜绝违规补课、办学，莫被利益遮住双眼

随着社会的发展，教育行业面临着各种各样的挑战和问题。其中，违规补课和违规办学成了热议的话题。在某些学校和教育机构中，个别教师以追求利益为目标，将教育的本质抛诸脑后，给学生的健康成长带来了不良影响。

违规补课、办学，会给学生、家长乃至整个社会造成负面影响。它会占用学生课余时间，加重学生的学业负担，使得学生面临沉重的学习压力，继而身心健康出现问题。然而，一些缺乏师德的教师把教育行业当作一块巨大的"蛋糕"，视为开采不尽的"金矿"，为了牟取利益，不顾规定违规开办学校或教育机构，获取大量不正当收入。

违规办学严重影响了教育资源的合理配置。一些违规的教育机构占用了本该留给合规机构的生源和资源，导致了教育资源的浪费和不合理分配。此外，违规补课、办学还有损教育的公平性，部分家庭无法负担昂贵的补课费用或无法选择到合规的学校和机构，这无疑加大了社会的教育差距，引发社会不公平现象。因而，教师必须严于律己，不要被利益遮住双眼，做出有损师德师风的行为。

* * *

　　某中学张老师，一直以来都是备受尊敬的教学骨干，教学成绩出色，深得学生、家长及校领导的喜爱。然而，随着教育界的竞争压力越来越大，张老师开始在教学上"加码"，利用晚上和周末的时间给学生们提供额外的补习和复习辅导。他是"有偿补习"，这样既能提高学生的学习成绩，又会给自己带来一定的收入，一举两得。

　　为了赚更多的钱，张老师开始和其他教师合作，开办一些违规的课外班，他们把课外班包装成"培训班"或"讲座"，并向家长收取高昂的费用。尽管他们知道这样做是违规的，但是在诱人的经济利益面前，他们还是选择放下底线。

　　最终，张老师违规补课的行为被举报，相关部门不但追缴了其违法所得，还进行了相应处罚。

* * *

教师应该始终坚守职业道德、不断提升教育伦理素养，要通过合理合规的方式追求经济利益，切勿被"不当利益"迷住心窍。

违规补课和办学虽然能够带来一时的收益，但从长远来看弊大于利，它会让教师醉心于利益之中，忘了教书育人的初心，同时也不利于学生的身心健康和成长。教师要想做好教育的引路人，必须树立正确的世界观、人生观、价值观，率先垂范，以德育人。

杜绝教育违规现象，抵制不良教育风气，是新时代教师必备的素养。当然，面对不良教育风气，除了教师自身需要锤炼品德外，更需要学校和社会的支持，持续促进合规讲课、办学，通过推广正确理念，共同营造良好的教育氛围。

教师是教育事业发展的核心力量，教师只有重视提升自我的职业道德水平和教育素质，才能在利益和诱惑面前心如止水。具体到现实中，教师要保持高度自觉性，遵守教育行业的法律法规和相关规定，了解并遵循学校或教育机构的管理制度和规章制度。要严格按照教学计划和教学大纲进行教学，不越轨超纲，不擅自增加课时或变更教学内容，不接受或参与任何形式的违规补课活动，包括私下为学生组织额外的课外辅导或培训班。

追本溯源，违规补课、办学之所以存在，一个重要原因便是家长总是期望孩子快速提高成绩，所以，教师也要充当监督人的角色，不参加违规类培训班，这样才能从根本上切断违规补课、办学的利益链条。

总之，杜绝违规补课、办学，不让利益遮住双眼是当前广大教师、教育从业者和相关部门的共同责任。只有在坚持教育的本质，依法规范办学的前提下，才能创造公平、公正、合理的教育环境，为学生的全面成长创造良好条件。

"不以一毫私利自蔽，不以一毫私欲自累。"每一名教师都应忠于教育，树立正确的价值取向，把"育人为本"的理念铭记于心，在思想上斧正自我，在行为上约束自我，"外塑形象、内塑素质"，把自己锻造成教育领域中的"铜墙铁壁"，就不会被任何形式的欲望攻克。

2. 倡导学术诚信，严守学术规范

人无信不立，这句话用在教书育人的师者身上同样十分恰当。教师作为知识的传播者和学术研究的推动者、引领者，事事都应以诚为本、以诚为要，特别是在学术研究方面，必须做到严谨治学、诚实研究、尊重原创、拒绝抄袭与伪造数据，时时刻刻以身作则，秉持求真务实的精神。

在科研活动中，教师应坚守学术道德，公正评审，不徇私情，维护学术界的纯洁与尊严。学术诚信不仅关乎个人名誉，更关乎教育事业的健康发展和社会信任的建立，是每一位教育工作者不可推卸的责任与担当。

遗憾的是，现实生活中有个别教师做不到学术诚信，出现学术造假、学术剽窃、隐匿学术事实、虚假学术宣传、学术侵权以及不守科研伦理规范等行为，成为教师队伍的害群之马，严重损害教师的形象。

学术不端，危害巨大，它会破坏正常教学秩序及学风建设，带来不可估量的恶劣影响；它违背科学精神，会造成学术资源的巨大浪费；它毁坏社会公信系统，加剧社会腐败。既然学术不端造成的负面影响如此严重，那么广大教育工作者要如何避免学术不端行为呢？

第一，进行学术研究时应确保数据真实，不能有丝毫虚假，这要求每一名做学术研究的教师都必须坚定不移地坚守学术道德，严守学术规范。

第二，在写作论文时要确保数据、观点和结果的原创性，绝不能照搬照抄他人的论文成果，若摘抄原话，要加上双引号，注明出处，以示引用。

第三，避免在论文撰写时出现剽窃现象。如果必须使用他人的话才能准确传递所表述的思想，那必须注意将所有有来源出处的词句标上引用标记，在参考文献部分列出原始著作及其原始出处。

第四，学术期刊严格规定禁止一稿多投或重复发表。一稿多投或重复发表不但浪费了相关人员的时间和精力，且有产生知识产权纠纷的可能。

第五，学术研究人员务必将法律和道德的尺子装在心中，恪守职业道德规范，以《高等学校预防与处理学术不端行为办法》为准绳，严守学术规范，倡导学术诚信。

❋

某大学工程技术学院教授王某、张某二人曾共同发表多篇学术论文，然而经调查发现，二人的论文存在盗用项目号和未经同意使用他人署名的情况，其中第一作者王某对此负有主要责任。在调查过程中发现，王某存在伪造他人签名出具证明材料、哄骗他人出具项目标注授权书并进行篡改等问题。

对于上述问题，王某如实承认。后经相关部门审议审定，决定给予王某取消某基金项目申请和参与申请资格五年的惩罚，并对王某、张某二人通报批评。

无独有偶，某大学教授因擅用他人署名等学术不端问题被撤稿 13 篇论文，其中 4 篇论文已累计被引用超过 120 次，所造成的负面影响十分严重。

　　除了上述问题论文，该名教授另有 14 篇论文被质疑存在问题。最终，该名教授除论文被撤稿外，所在院校也对其作出了通报批评、扣除部分奖金的处罚。

＊

学术不端，带来的往往是极坏的影响。为人师者，不以诚教学、以诚治学，却挖空心思通过各种不法手段为自己脸上贴金，到头来只能是搬起石头砸自己的脚。

高校教师学术不端事件频发，严重损害了学术研究的真实性和可信度。原本，高校在人们心中是神圣的"象牙塔"，高校教师也被看作是"品节高尚、遵规守纪"的表率，可当少数高校教师出现学术不端行为，便严重地破坏了他们在公众心中的正面形象，更严重影响了高校教风、学风和校风。

＊

　　某高校教授卢某，因学术造假行为被学生联名举报。卢某带过 23 名研究生，其中竟然有 17 名研究生的论文涉嫌数据造假。原来卢某威胁学生必须无条件服从他的造假要求，否则不会"顺利"毕业。学生们担心自己多年的努力白白浪费，只能违心地按照卢某的要求行事。

　　卢某毫不尊重这些跟随自己做研究的学生，对他们严格控制，甚至视他们为自己的奴仆。除了学术上的侮辱，卢某还强迫他们为自己干私活，一旦学生有怨言，他会马上进行人身攻击，更以不发放毕业证书、学位证进行威胁。

　　卢某还毫无顾忌地侵吞研究经费，这给实验室的正常科研工作造成困扰，更妨碍了科研项目的正常推进。卢某将所得研究经费大多用于个人消费，其中一部分作为"赌资"。

最终，不堪压迫的学生联名举报了卢某。校方初步调查，发现卢某的确存在学术不端、师德失范等问题，当即暂停卢某的一切工作，其他问题亦会根据最终调查结果依规依纪处理。

❋

案例中的卢某漠视学术道义，无视科学严谨性的行为实在令人痛心疾首。师与生之间本应是一种高度信任和依赖的关系，为人师者理应充当学生学习路上的引导者和航向标，发挥"红烛"精神，燃烧自己，照亮别人。然而，现实中个别教师未尽到应尽的职责和义务，违背了教育宗旨，忘记了廉洁从教的初心。一些手握权力的教育工作者甚至利用权力大搞腐败，为己谋利，严重破坏了教育的公平。

学术不端与腐败，都是典型的学术不诚信、学术无规范的表现，广大教育工作者必须重视，要严于律己，认真做学问，踏实做老师，纠正不良风气，守护学术研究一片净土。

3. 关注心理健康，拒绝暴力教育

苏霍姆林斯基说："一个好的教师，是一个懂得心理学和教育学的人。"近些年，对学生心理健康的关注度越来越高，教师应多留心学生心理健康问题，并坚决杜绝暴力教育。

首先，教师关注学生的心理健康，可以促进学生的学习和成长。心理健康意味着个体有着良好的心理状态，包括积极的情感体验、心理适应能力和良好的心理发展。关注学生的心理健康，可以帮助他们正确认识自己的情绪和需求，增强自我调节和解决问题的能力。根据美国心理学家埃里克森的发展理论，学生在不同的年龄段都会面临不同的心理发展任务和挑战。教师的关注和支持可以帮助学生顺利完成这些发展任务，并促进其全面成长。

其次，关注学生的心理健康，有助于提高学生的学习成绩。研究发现，良好的心理状态有助于培养专注力和学习动力，继而提升记忆能力和思考能力。心理健康的学生更能适应学习环境的变化，更具有探索和创造能力。相反，心理不健康的学生可能出现注意力不集中、学习困难等问题。

最后，关注学生的心理健康，有助于学生拥有良好的社交关系。健康的心理让学生更容易与他人建立良好的互动和合作关系，更能理解他人的情感和需求。学生也会有更强的沟通能力和解决问题的能力，从而能够更快地适应并融入社交环境。

关注学生的心理健康，也意味着教师要站在学生的角度看待问题，把学生视为教育主体，从思想上、语言上和行为上杜绝使用"暴力教育"。

暴力教育大体是指通过体罚、恶言恶语或其他形式辱骂和伤害学生，以达到教育、遵守纪律等目的的教育方式。这种做法不仅对学生的身心健康造成伤害，还可能导致学生厌恶学习，导致严重的不良后果。

❋

山西运城某校教师王某，因为学生之间的一点小冲突而暴打学生耳光，引起轩然大波，此次事件造成了十分恶劣的影响。

事情的经过是这样的：一名男同学因调皮捣蛋经常用笔戳前座的女同学，女生气不过，将他的笔偷偷藏了起来。男生发现后向女孩索要笔，但由于二人之前就频发小矛盾，加之男生态度强硬，女生拒不归还，二人就在课堂上发生争吵，这一幕恰好被刚踏入教室的王某看到。

王某询问了二人争吵的原因后，十分生气，认为他们在全班学生面前因为一点小事大吵大闹，是在挑战他班主任的威信，随即当着众人的面，让女生蹲下并打了她十几个耳光。做出这种不当行为后，王某无视其他学生惊诧的目光，觉得还没有起到杀鸡儆猴的作用，又将那名男生一把抓过来，狠狠打了他一顿。直到教室内只有两个学生的哭声，他才作罢。

男同学回家后，家长带孩子到医院验伤，诊断结果为面部软组织挫伤，随之震怒，闹到学校；女生验伤后，严重耳鸣，其家长也带着孩子去往学校讨要说法。最终，王某被校方开除。

✳ ┈┈┈┈┈┈┈┈┈┈┈┈┈┈┈┈┈┈┈┈┈┈┈┈┈┈

王某的做法显然违背了教师职业道德规范，即便两个学生有错在先，但暴力绝对不是教师处理学生矛盾的正确方式，学生更不该成为教师的泄愤对象。教育暴力不仅会让受害学生的身心受到伤害，甚至还会影响到其他孩子的学习成长。

在拒绝暴力教育方面，教师应以身作则，树立积极的教育形象。教师作为学生的引路人，在学生的成长过程中极具影响力。所以，一名合格的教师必须坚决抵制暴力教育。

教师应致力于与学生建立互相尊重和信任的师生关系，让学生感到舒适和安全。教师应该多倾听学生内心的声音，尊重他们的意见和感受，并给予积极的反馈和鼓励。通过建立良好的师生关系，减少学生之间的不满和冲突，进而避免暴力教育的发生。

在日常的教育过程中，教师应该采用积极的教育方法，鼓励学生通过积极的方式学习和表达。比如，运用奖励制度和正面反馈，激发学生的学习兴趣。还可以通过合作学习和讨论等方式，培养学生的合作精神和团队意识。

在面对学生的质疑和不解时，教师应该提供适当的引导和支持，帮助学生理解和处理问题。当学生犯错或有不良行为时，教师应该以极大的耐心与学生进行沟通和讨论，找出问题的根源，并提供相应的解决方案。教师还可以通过提供心理辅导和学习支持，帮助学生克服困难和缓解压力，从而减少学生因无法应对而导致的冲突和暴力行为。

┈┈┈┈┈┈┈┈┈┈┈┈┈┈┈┈┈┈┈┈┈┈┈┈ ✳

赵老师是一名中学教育工作者，她深知心理健康对学生成长的重要性，始终以呵护学生心灵为己任。

她曾遇到一个问题学生——小宇。小宇曾呈现自闭、内向的性格特点，成绩逐渐下滑，与同学相处也出现了一些问题。赵老师主动与小宇交流，得知小宇之前曾受到家暴的困扰，心理承受能力很低，渴望得到关注和理解。赵老师决定不局限于传统教学方式，开始尝试用更温暖的方式关怀小宇。

赵老师首先同小宇建立信任，耐心倾听他的心里话，让他感到被重视。同时，赵老师还组织了一系列团体活动，让小宇与其他同学互动交流，慢慢地融入集体。其间，赵老师经常鼓励小宇，肯定他的努力和进步，这极大地提高了他的自信心。

赵老师还注意到小宇在课堂上容易紧张，不敢表达自己的观点。于是，她鼓励小宇参与班级讨论，培养他的表达能力。不仅如此，赵老师还在一些教育故事中融入积极向上的观点，以启发小宇的思维和品性，引导他选择正确的思考方式和行为。慢慢地，小宇打开了心结，积极参与课堂活动，与同学也建立起亲密的友谊。

✳ ┈┈┈┈┈┈┈┈┈┈┈┈┈┈┈┈┈┈┈┈┈┈┈┈

学校是文明、和谐的育人摇篮，教师应多关注学生的心理问题，并善于原谅学生的错误。"恨铁不成钢"不能成为教师实施暴力教育的借口和理由，正视学生之间的差异，"因材施教"才是最好的教育方式。

此外，教师应该多参加专业培训和交流，提升自己的教育水平和教育方法。专业培训和交流可以帮助教师更好地了解和掌握非暴力教育的原则和技巧，以及如何处理学生之间的问题和冲突。通过不断学习，教师可以更好地避免暴力教育的发生，并更好地引导学生的成长和发展。

　　关注学生心理健康，拒绝暴力教育，是每一名教师及所有教育工作者应当坚守的底线和原则。教师在传授知识的同时，更应扮演学生心理健康的守护者这一重要角色，给予他们关怀与理解，帮助他们增强自信心。

4. 拒绝不正当吃请，树立清风正气

严禁任何形式的违规吃喝，是对党员及领导干部的要求，对于广大教育工作者来说，也要拒绝不正当吃请，保持教师的职业素养，抵御不良之风。

首先，为学生树立榜样。教师要在言行举止上做到廉洁自律，引导学生树立正确的价值观和道德观。教师拒绝吃请的行为会向学生传递廉洁自律的价值观。

其次，有助于维护教育公平。在教育领域中，违规吃喝成了少数教师获取利益和权力的手段，这会破坏教育的公平性。为确保教育资源公平分配，维护学生平等权益，提高教育质量和社会信任度，教师必须严格自我约束，拒绝不正当吃请。

最后，有助于促进教育事业的发展。教师是教育事业的中坚力量，行为和态度直接关系到教育的发展和学生的未来。拒绝不正当吃请，有助于教育资源更加集中于教学和学生培养方面，有助于提高教育质量和学术水平。此外，教师的高尚品德和廉洁形象也有助于吸引更多的优秀人才从事教育事业，推动教育事业的发展。

拒绝不正当吃请，除了教师以身作则外，也需要有关方面加强监督和管理。一方面，建立健全教育制度和机制，确保教育资源的公平分配和管理，防止教师滥用权力；另一方面，加强对教师的培训和教育，提高教师的职业道德水平和社会责任意识，使教师能够自觉抵制不正之风，维护教育的公正和公平。

2008年9月武汉华中科技大学武昌分校一百六十多名教职工与学校签订聘用合同，但与以往不同的是，这次合同中新增了一条内容：凡因工作关系接受学生"吃请"，一经查实，校方可立即解除其合同。

除了严禁接受"吃请"之外，校方还规定教职工不能因工作关系收受学生或家长的礼品、现金等。学校人事处处长表示，近年来，因社会上的一些不良风气，高校内出现了个别学生或家长在考试、评选奖学金及学生干部等活动中为了达成个人目的，以请吃、送礼的方式拉拢教师，形成了不正当竞争，对教师和学校都造成不良影响。

事实上，校方并不反对教师和学生之间的正常人际交往，但绝不能与工作扯上关系。签订合同的教职工对此均无异议，一名续签合同的教师说："为人师者，本就应严格遵守教师职业道德规范，绝不能因工作关系接受学生的吃请或送礼。"

对于学校的"新规"，学生们也纷纷表示赞同，一名学生说："（合同）是对师生行为的约束，但没有禁止师生正常的人际交往，它既可看作是教师对学生的承诺，又展现出了人情味。"

吃人嘴软，教师一旦不顾身份和岗位要求，接受他人的吃请，就等于被人握住了"把柄"，不得不以其他方式"偿还"。所以，教师必须保持廉洁，管住自己的嘴，握紧自己的手，拒吃拒拿，才能永葆心正、身正。

或许个别教师觉得吃请是小事，但很多腐败正是从这样的小事开始的。拒绝不了一次饭局、一次宴请，就拒绝不了一张购物卡、一捆现金，最终会走上违法犯罪之路。

广大教育工作者须知，为教之道，当先治心，要守住内心的底线和原则，消除贪心、克制贪欲，拒绝违规吃请，严于自律，廉洁从教。

✳

某大学教务处主任孙某，因涉嫌在校方订购教材中"吃回扣"，以及多次违规接受学生家长及其他人员吃请而被依法查处。

孙某本是一名普通教师，因工作勤勉，能力突出被提拔为校教务处主任。作为教务处主任，孙某可谓权力在握，校内的很多事情由他定夺。

一天快下班时，有人敲开孙某办公室的门，孙某一看，原来是自己的一名学生。这名学生早已毕业，此次回来是为了"叙旧"。师生相见甚是高兴，接着这名学生便拉着孙某出了校门，将孙某带到一处高档茶楼，边喝茶边聊天。

"孙主任，眼下有个大业务需要您帮帮忙啊！"学生聊了一会儿后突然话锋一转。原来，这名学生知道该学校准备订教材和其他教辅书籍，他毕业几年后开了一家书店，从其他渠道得知昔日的孙老师已经成为母校教务处主任，分管订教材等事宜后，便直接上门请托。

孙某听完学生的话后，当即表示校方早已有固定的供货单位，没想到学生马上从携带的皮包里拿出一个黑色塑料袋，一看就是几捆现金。孙某连连推辞，学生说："孙主任，当年咱们师生关系特别好，现在学生我自己做生意了，希望恩师多多照顾啊。这是一点'心意'，事成之后必有重谢！"

看着自己昔日的学生如此诚恳，再加上订教材的事情基本由自己定夺，孙某也就答应了这名学生的请求。二人约定，事成之后孙某会得到五万元的"回扣"。

此后，学生多次开车载孙某去自己朋友开设的会所、酒吧等地方娱乐，更多次送给孙某高档烟酒，孙某对这一切欣然接受。

孙某违规接受吃请，并从订购教材及其他教辅资料中获益颇丰，被举报后，还不承认。当相关证据摆在面前，他哑口无言。

"吃请"看似事小，却会慢慢地腐蚀一个人的内心。因此，每一名教育工作者都应主动拒绝吃请，谨防"小吃请"铸成权力"大任性"。

5. 远离低俗，培养高尚人格

低俗指低级庸俗，教师应远离并坚决抵制。然而，现实中有个别教育工作者忘记为人师者当以德施教、以德育德的本分，守不住为党育人、为国育才的初心，成了人人喊打的"过街老鼠"。

--∗

2020 年 9 月，某大学教师张某在一节日语公开课中，使用大量低俗、不雅的图文，其中更涉及对女性的不堪描述和歧视。

张某工作能力突出，平日里颇有口碑，深受学生的喜爱、领导的信任。因而，在校方组织公开课时，直接将张某列为授课人员。让人大跌眼镜的是，在公开课上，他却播放有低俗内容的 PPT，使得上课学生非常反感。但张某却认为这是一种很有趣味性的教学方式，可以激发学生的学习兴趣。

事件被曝光后，学校根据《教育部关于高校教师师德失范行为处理的指导意见》等相关规定，马上给予张某停课，并调离教学工作岗位处理，同时对其进行通报批评，取消年度评优资格、扣罚绩效工资。

无独有偶，某师范学院教师袁某也因为违反《新时代高校教师职业行为事项准则》的明文规定被通报批评，并调离原教学岗位、给予警告处分。

袁某作为大学教师，居然公开在课堂上发表低俗言论，开黄腔、说脏话，严重污染课堂氛围，给当时课堂上的学生造成了极大的心理阴影。该教师在课后还主动联系某名女学生，称可以通过"交换"为其毕业论文开绿灯。

袁某的行为被举报后，校方立即展开调查。经核实，确认袁某的确存在课堂上发表不当言论的事实。当地教育局也高度重视此事，表示会依法依规从严处理。

育人先育己，教师必须全面提升自身综合素质，对低俗娱乐有一个清晰的认识，了解它对个人和社会的危害。对此，教师可以参加相关培训、研讨会，或通过研读专业书籍和论文，提升抵制低俗娱乐的能力。同时，通过培养积极、健康的兴趣爱好丰富自己的业余生活，比如可以参加音乐会、阅读会、户外探险小组等健康的娱乐活动，有助于培养良好的生活情趣。

第一，使用文明语言，注意自身形象。无论教授哪个年龄段的学生，都要注意使用文明语言，杜绝低俗、暴戾等不文明用语。在教导学生时，也要多用积极、肯定的语言，以激发学生的积极性和创造力。注意自身形象，是指教师应该保持良好的精神面貌，穿着大方得体，阳光自信。

第二，纠正错误思想。有些教师认为自己拿着"死工资"，捧着"铁饭碗"，只要不出大错，过得去就行了。怀有这种想法的教师，自然不会重视提升自身修养和品格，只会得过且过，最终既耽误了自己，又可能误人子弟。因此，必须剔除这种消极思想，加强个人品德修养，这样才能更深刻地认识自我，有助于日后的发展。

第三，加强学习，开阔眼界。学习对于提升一个人的品质、修养和境界等十分重要，能够改变一个人的思维方式，拓宽眼界、提升格局。学无止境，教师要养成终身学习的良好习惯，不管是校内举办的各类培训，还是利用空闲时间读书读报，抑或是通过新闻媒体了解时事，都有助于扩大知识面，开阔视野。

第四，经常进行自我反思与自我批评。不管是教学中还是生活中，教师都要抽出时间静下心来自我反思，比如自己的授课方式、对待学生的态度以及面对利益与诱惑时的心态变化等，一旦发现自己立场不坚定，思想意识存在问题，就要及时改正，开展自我纠错、自我批评，迅速转变思路，从而更好地投身于教学之中。

打铁必须自身硬，教师若想从根本上远离低俗娱乐，抵制一切因此而产生的不良风气，必须苦练自身本领、锤炼意志品质、磨炼责任担当，练就自强、自律、自净的高尚人格。

6. 躬身力行，拒礼拒贿守清廉

少数家长出于对子女的关爱，生怕他们在学校不受教师重视，所以会用尽办法与教师拉近关系，期望教师对自己的孩子"额外关照"。而他们所使用的方法，无外乎送礼，在物质上俘获教师。所以，个别思想不坚定，底线模糊的教师经受不住利益的诱惑，成为金钱的奴仆，忘掉了为人师者应保持敬畏心、廉洁心，更忘掉了言传身教，为学生树立榜样的从业原则。

《法言·学行》中云："师者，人之模范也，无德者无以为师。"意思是，教师是人们的模范，没有德行的人是不配做教师的。可见，作为知识的传播者、道德的模范，教师必须规范自己的思想、言行，切勿因利益违背教育初衷。

----------------------------------- *

安某，某高校外国语学院院长。2018 年，安某的女儿考入大学，安某在当地一家高档酒楼摆下宴席，举办了一场颇有规模的升学宴，美其名曰"朋友聚会"。

安某所在学院的教职员工，无论是否与之有过往来，均被告知要到场"沾喜气"，实际上是暗示大家"随份子"。更过分的是，安某以"交流"为由，要求学院里每名教职员工选

出两名学生代表参加宴会，表示当天会让女儿向各位师哥师姐请教，还希望学生也稍作"表示"。如此公然索贿，实在令人震惊。

后来，到场的几名学生联合起来将此事曝光，并将相关证据发布到网上，立即引起轩然大波。最终，安某受到党内严重警告处分，并免去院长职务，同时返还所收受的礼金。

与安某相似的还有某学校教师周某，其收受学生家长茶叶、水果等物品及现金，甚至公然索要班级学生家长海鲜店内的高级海鲜。该名教师的行为违反了《新时代中小学教师职业行为十项准则》第九项规定，学校根据相关处分条例和规定，给予其党内警告处分、行政记过处分。

※ --

从上述两起教师受贿索贿案例可以看出，加强师德师风建设应是一项长期工程，重要工程。广大教育工作者要以案为鉴，引以为戒，自觉坚守精神家园、坚守人格底线，躬身自省、自纠自查，绝不因物欲而师德失范。

俗话说，身正不怕影子斜，德高何忧生是非。作为一名教师，要时刻保持清醒的头脑，始终坚守自己的原则和道德底线，不被任何利益诱惑。

教师作为教育工作者，言行举止对学生的影响是巨大的。因此，教师应当躬身力行，拒礼拒贿，树立良好的道德榜样。

一方面，教师应"一碗水端平"，不接受任何形式的贿赂。因为一旦接受贿赂，就会影响教育判断和决策，导致不公正的结果。

另一方面，"勿以恶小而为之"，教师不要收受任何形式的礼物和礼品。小贪污、大腐败，很多"巨贪"都是从小贪开始的。教师不要辨别家长的礼物是出于礼貌、感激之情，或是其他原因，只要守住内心的原则，一律不收，就不会产生任何心理压力和不安感，也就不会为腐败埋下祸根。

总之，教师应当以身作则，拒礼拒贿，树立好的榜样，为学生和社会的公正和谐发展做出积极的贡献。

＊

黄老师是某市某区一所小学校长，她从一名普通教师，通过自己的努力一步步走上领导职位。任职期间，她始终坚持反腐倡廉工作重在防御，在工作中坚持用正面典型鼓励人，用反面教材警醒人。在她牵头下，仅2020年第一季度，便开展警示教育四次，受教育人数超过三百人。得益于她的倡导，全校形成了"清正、清新、清明、清廉"的校园文化氛围，她本人更是在2021年9月被评为区教育系统清廉教师。

在工作中，黄老师严于律己，以身作则，处处发挥党员的先锋模范作用，不以权谋私，不贪占便宜。她曾多次代表学校招聘教师，有些同事和应聘者私下送礼送物，希望她可以开绿灯，均被一一拒绝，她明确告诉他们，凡事都要秉公办理。

她专心执教，碰到有学生家长逢年过节提出吃请或送礼的情况时，她都果断拒绝。

2022年6月，黄老师授课的班级即将毕业，有两位学生家长私下找到她，希望她能将学生历年的期末评语改为"优秀"，这样家长再运作一番，孩子可以顺利就读外地某重点学校。他们在提出请求的同时，分别塞给黄老师两个黑色塑料袋，里面是成捆的现金。黄老师见状，当即表示拒绝，还奉劝两位家长打消歪念头。"你们是在害孩子！"黄老师严肃地说，

"如果事情被学校知道，不但我会被处分，你们的孩子也将毁了前程！"

这就是黄老师，一个严于律己、秉公处事、廉洁从教的师者。

✳ ------------------------------------

在为人师表，廉洁从教上，教师首先要做的是传承和发扬奉献精神，坚守高尚情操。只有把心思花在教育上，以服务学生为最高目标，把为社会输送人才当成终身责任，不计回报，不慕名利，甘于奉献，才能自然而然地消除功利心、利欲心，从而爱岗敬业，安于教学，精于育人。

其次，正师风，树立终身学习的观念。教师只有不断学习，拓宽思维，不让自己的眼界局限在点滴利益上，才能逐渐转变教学作风，树立良好师德师风。在具体学习上，既要学政治，又要学业务，并把理论与实际相结合，锤炼身为教师的品格和德行，练就抵御不正之风的能力。

再次，防微杜渐，争做清廉从教表率。"一失足成千古恨"，许多不廉洁行为的发生都源于思想意识出现偏差，从而导致在小事小节上失守。所以，为人师者，绝不能忽视师德修养中的细枝末节，在生活中和教学中一旦触碰易导致腐败发生的因素，要及时制止，不能任其发展，避免思想被腐蚀，做出失德失范的行为。要不断强化自律意识，筑牢廉洁自律的警示防线，为广大学生和教育界同人树立廉洁榜样。

又次，以案为鉴，扎紧欲望的袋口。"以史为镜，可以知兴替；以人为镜，可以明得失"，要常看一些教师违规失范的案例，自觉扎紧欲望的袋口，切莫任凭自己的欲望无限膨胀，最终倒在利欲之下。作为教师，要时刻保持头脑清醒、心态平衡，提升防腐拒变能力，绝不向金钱和利益低头。

最后，强化底线意识，用行动践行初心。"不忘初心，方得始终"，从教者要守住自己的初心，坚持有教无类、因材施教、依法执教、廉洁执教的原则，不为获利从教，不为虚名从教，认清教师职业的苦与乐，追求精神层面的饱足和享受，坚决不踩红线、不越雷池，躬身力行，在教育领域深耕、精耕，立志终身扎根于教育事业。

7. 抵制教育腐败，营造阳光的教育氛围

　　教育是国家发展的基石，更是推动民族繁荣富强的强劲动力。一旦腐败渗透进教育领域，后果不堪设想。作为教师，应该立足岗位，坚决抵制教育腐败，营造阳光向上的教育氛围。

　　廉洁从教，要求教师必须树立正确的教育观念。教育是培养人的综合素质，师者教书育人，也不仅仅是传授知识，更重要的是培养学生的创造力、创新精神和实践能力等。教师应该明确教育的目标是让学生成为有道德、有修养、有能力、有创新思维和社会责任感的人，所以教育绝不能够沾染丝毫功利色彩。

--- ✳

　　于某是某科技职业学院的教师，从成为教师的那一天起，于某便庄严宣誓，要忠诚于人民教育事业，坚定不移地履行教师的神圣职责，恪守教师职业道德，规范教学行为。此后，他在教学中坚持育人为本的理念，为人师表，关爱学生，在同行和学生中获得了良好的口碑。

　　在成为教师的第三个年头，于某顺利入党，成为一名共产党员。此时的他对自己也有了更严格的要求，对党忠诚，积极工作，把全部精力都投入教育事业中。

然而，当上了系副主任后，于某意识到自己似乎太"死板"了，他看到有的教师私底下收受学生家长赠送的财物也并无大碍，就开始动摇了。

2018年3月，于某第一次通过手机微信，把购物链接发送给曾暗示自己父母愿意"表示感谢"的学生的手机上，第二天便收到所购物品已付款并发货的消息。当时于某既紧张又惊喜，觉得自己原来可以如此轻松地获得利益，于是他开始变本加厉，除了发购物链接，还当面收受学生送的礼物，时不时地还会应学生家长的邀请吃饭。

被调查后，于某受到党内警告处分，免去了系副主任职务，还撤销了他的荣誉称号，并调离教师岗位。

＊

由此不难看出腐败的巨大"诱惑力"，它会让一个人迷失自我，做出有悖于底线和原则的行为。所以，广大教师务必要立足本心、守住原则底线，坚决抵制腐败，为营造良好的教育环境发光发热。

抵制教育腐败，需要教师加强师德师风建设，争做"四有"好教师，以德立身、以廉律己，不断提升道德修养，不做教育队伍的"蛀虫"，与学生、家长共同营造阳光教育氛围、共建廉洁校园环境。

教师职业的特殊性要求教师必须具有高度的责任感和使命感，对学生负责，对教育事业负责。教师应该坚守职业底线，诚实守信，追求教育的公平和公正。更要严格自我约束，谨言慎行，切勿为学生树立负面榜样，毒害下一代。

教育腐败是十分可耻的行为，既侵害了学生及家长的权益，更会对整个社会造成不良影响。教育腐败的方式多种多样，令人防不胜防，那么作为身处教育一线的人民教师，要怎样做才能守住职业道德，坚守高尚情操，与教育腐败彻底划清界限呢？

第一，关爱学生，献身教育。走上教师岗位，理应对学生充满关爱之心，要发自内心关爱学生的成长，这样才能做到廉洁从教，并逐步提升自己的认知能力，将教育作为一项崇高的事业摆在第一位。伟大的人民教育家陶行知先生将"爱满天下"作为自己的座右铭，将满腔的爱都赋予学生。

第二，淡泊名利，甘于奉献。教师的工作是教书育人，不能效仿商人去追逐利益，更不能利用职务便利为己谋私。为人师者，必须坚守高尚清高，发扬奉献精神，要甘于清贫，淡泊名利，不断改造自己的人生观、价值观，正确看待名与利，切莫因一时起贪心，断送个人前程。

-- ✳

陕西省延安市延长县下西渠村，20 世纪 70 年代实现了免费教育，王思明是在 1968 年经由群众推选成为下西渠小学民办教师的。当时的学校条件十分艰苦，门窗残破、桌椅损坏，黑板中间还有一个大洞。虽然学校环境差，可仍然有很多学生因交不起 5 角钱学杂费而辍学。眼见这种境况，王思明决定为学生创造上学条件，让村里的孩子都能上学。

之后，他与学生们一起上山开荒种地，当年收入 100 元。100 元放在今天并不多，在当时却是"巨款"。王思明当即宣布学校免收学杂费，于是学校学生增加到了 42 人。

后来，在王思明的带领下，学校越来越好，更是陆续地建起了新校舍。学校"富"了，王思明却还是很"穷"——他仍然住在两孔破石窑中。人们都说，假如王思明不做教师，一定会是个远近闻名的农民企业家或农机专家，更可能成为下西渠的"首富"。王思明却有自己的坚持，他说："我最富有，我有二十多年来教出的学生，我有下西渠的富裕和文明。"

1988 年，王思明取得了延安教育学院大专文凭，一些领导让他留在地区教研室工作，可他还是回到下西渠。他说："搞教育的人，一定要热爱教育，要沉下心研究。教育不是一份枯燥的工作，而是一个创造的过程，这样无论在哪儿都能待得住。"

✳ --

淡泊名利，甘于奉献，在王思明身上得到了最好的体现。试问这样一心为教育的人民教师，又怎么会贪赃枉法，徇私舞弊呢？

第三，不断学习，廉洁从教。《论语·子罕》中云："三军可夺帅也，匹夫不可夺志也。"这句话的本义是：军队的主帅可能会改变，但一个人的志向不能被强迫改变。引申到教育上来说，教师绝不能丢掉自己的教育理想和信念，不要被外界的诱惑吸引，动摇心智。

《中国教育改革和发展纲要》中指出："振兴民族的希望在教育，振兴教育的希望在教师。"既然教师担负着振兴教育的使命，那么教师必须要掌握多元、先进的知识，这就对教师提出了不断学习、终身学习的要求。教师只有不断学习，才能强化理想信念，才能恪守教师职业道德规范，真正做到廉洁从教。

抵制教育腐败，不单单是教师一个人的事，更需要各方共同努力，由此才能为下一代的成长创造良好的教育环境。

十年树木，百年树人，教育是立国之本、强国之基，也是民族振兴和社会进步的基石。抵御教育腐败人人有责，而身为育人之师，要从内心深处认知不敢腐、不能腐、不想腐的内涵，从而为营造阳光的教育氛围作出贡献。

第六章
清廉自守，从教之路廉洁为先

　　清廉自守，方能为人师表。从教之路，以廉为先，为人师者务必洁身自好，不追随物欲，永葆思想和行为的清正廉洁。

1. 培养自律意识，时刻保持清醒

自律是一种重要的品质。对于教师来说，培养自律意识，严于律己，时刻保持清醒至关重要。教师不仅肩负着培育人才的崇高使命，而且他们的言行举止对学生品格的塑造和影响也非常重要。对于新时代的教师而言，培养自律意识是保持清廉自守的优秀品质、是廉洁从教的基础和关键。

首先，教师只有重视培育自律意识，才能担起自己的社会责任。教师在学校内扮演着重要的引导和教化角色，直接关系到学生接受教育的水平和程度，其一言一行、一举一动也代表了社会理想与道德标准。为此，教师应该以身作则，成为学生学习和生活的榜样，且只有做到自律，才能对学生提出更高的要求，并对他们产生更积极的影响。

其次，培养自律意识也是个人成长的需要。教师在其职业教育生涯中，也需与时俱进，要不断地学习和成长，这样才能更好地传道、授业、解惑。这都建立在自律的基础上，缺乏自律意识的教师，怎么能高效地管理和安排自己的学习和工作时间，怎么能提高学习和教学效果呢？

最后，培养自律意识才能时刻保持清醒。教师的工作性质决定了他们要常常与家长打交道，一些家长为了子女的学业，便会私下里通过多种方式"讨好"教师，比如送红包、送厚礼等，内心不坚定的教师就很容易动摇，开始贪污受贿，甚至主动索贿。因此，教师必须不断增强廉洁自律意识，保持清醒，抵住诱惑。

-- ✳

　　赵某，某石油工程学院教授，博士生导师，国家重点实验室副主任，手中握有多个国家级和省部级科研项目。在自己深耕的领域，赵某有着较高的学术地位和影响力，曾获得多个奖项和多次奖励。然而，这样一个优秀的人才，一名育人之师，却不廉洁、不自律，多次利用自己的职务便利，通过虚开发票、索要劳务费等方式套取科研经费。他将套取的科研经费用于个人购房、购车、购名表、购珠宝，以及旅游、娱乐、赌博等。

　　该学校通过银行卡给劳务人员发放工资、劳务费，赵某便指使几名学生开通个人银行卡，但这些银行卡全部掌握在赵某手中。当劳务费等转入学生的银行卡后，赵某直接取走私用。

　　东窗事发后，赵某被开除党籍、开除公职，并因涉嫌贪污罪、受贿罪和滥用职权罪被移送司法机关处理。

　　李某，某大学药学院教授，博士生导师，在药物化学领域的学术水平、创新能力有目共睹，多次获得国家级基金和省基金赞助。然而，如此优秀的李某还是倒在了自己的不自律上。

　　经查实，李某利用个人职务便利，将数十万元科研经费据为己有，一部分用于注册个人公司，一部分用于个人日常花销。此外，他把自己带的博士生、博士后安排进入自己的公司工作，却不给他们发放工资、缴纳社保，还要求他们申请国家级和省级项目，这样一来，他本人就可从中渔利，获得更多科研经费。

最终，李某因贪污国家专项科研经费被判刑。

※ --------------------------------------

不能自律，何以正人？为人师者，只顾满足个人私欲，实在枉为人师。作为教师，培养自律意识首先应意识到自律的重要性。自律是一种自我管理能力，可以使人更好地把控自己的生活和工作。教师也是普通人，也会面临各种诱惑和干扰，一旦被这些外界因素左右，迷失其中，就会失去最初的奋斗方向。而自律恰恰能让人避免泥足深陷，更加专注自己的目标。

自律也意味着教师要善于管理自己的时间。每个人的时间都有限，学会管理时间，就可以更合理地安排工作和生活。具体来说，教师可以通过制订每日、每周、每月的计划表，合理分配各项任务并跟进，以确保任务按时完成。

再则，教师也要在日常小事、琐事上锻炼自己的自律能力。例如，养成早起、按时休息和运动的习惯，以保证充足的睡眠和身体健康；学习自我控制和自我管理的技巧，避免延迟满足的心理冲动等。

此外，可以有意识地让身边的同事、好友监督自己，或互相监督提醒，这都有助于培养自律意识。

自律意识的培养能够帮助教师更好地管理自己，提高工作效率，促进个人综合素质的全面提升。榜样的力量是无穷的，教师的言行举止直接影响学生的三观和行为习惯等。有道是"其身正，不令而行；其身不正，虽令不从"，教师只有具备自律意识，才能够在学生面前树立威信，才能要求学生遵守纪律、规则和道德准则。

教师培养自律的优秀品质，还关系到自身的品德和素养，更关系到学校乃至教育部门的形象和声誉。教育工作者的身份既平凡又特殊，肩负着培养人才的重任。为了更好地履行自己的教育使命，教育工作者必须具备自律的品质，要与一切干扰教学、品德养成的因素划清界限，保持清醒的头脑。鲁迅先生说："我的确时时解剖别人，然而更多的是更无情面地解剖我自己。"教师也应当时时自我审视，自我提升，这是保障育人质量的关键。

自律的教师总能够让自己树立正确的价值观，规范自己的职业道德和行为标准，绝不会做有损师德师风的事情，会慎之又慎，从而维护自身及学校的良好形象和声誉。推而广之，如果社会上的所有教育工作者都能够自律自控，扎紧欲望的口袋，就会提升整个教师队伍的素质，从而让教育工作者在社会中获得应有的认可和尊重。

作为社会的中坚力量，教师拥有的品质至关重要。如果他们是不自律的、不道德的，就会对社会的进步及和谐发展造成阻碍。因而，广大人民教师自律要严、人格要正，以此为构建和谐、公正、廉洁的社会环境出一份力。

2. 珍视自我，爱惜名誉

以身立教、为人师表，教师是一种崇高的职业。《礼记·学记》中云："为人师者，必先正其身，方能教书育人，此乃师德之本也。"教师若想守正其心，就必须重视自己的职业，更要珍视自我，爱惜个人名誉。

近年来，社会对教育事业的重视程度日益提升，教师们也在新时代展现出新的风采。他们珍视自我，坚守教育理想和事业，以高尚的师德和辛勤的付出，培养出一批又一批优秀的学生。他们爱惜名誉，坚持诚实守信，用自己的行动诠释了教师的责任与担当。

珍视自我，意味着肯定自己的职业，以及自我肯定。教师若不对这份职业充满热情，又如何能担起育人的重担呢？因此教师需重视自身的品质和修养，认识到自身的价值和使命。为了更好地引领学生，教师需要不断提升自己的教学水平和专业素养，要有足够的自觉和自律，严格要求自己，做到言行一致，坚守诚信、担起责任，做让学生敬重的楷模。

爱惜名誉，意味着教师要保持良好的形象和声誉。爱惜名誉不仅是教师个人的追求，更是推动教育事业发展和提升的动力。教师的高尚品质和良好行为会对学生产生积极的引导作用，帮助他们形成正确的道德观和行为准则。教师的名誉不仅代表个人的价值和品质，也代表着教育事业的形象和声望。所以，教师应该注重言行举止，切莫让自己的名誉受损，违反职业道德所带来的负面影响会伴随终身，从而被社会所唾弃。

一个爱惜自己名誉的人，才会严格要求自己的言行。因此，教师也绝不能放松对自己的约束，以免丢了脸面、坏了名誉。教师必须爱惜自己的羽毛，远离腐化堕落，切莫沉浸在声色犬马的奢靡生活之中，那样只会让自己贪欲过剩，从而为了谋私利而置名誉于不顾。

教师的职业是崇高的、神圣的，师者应像鸟儿爱惜自己的羽毛一样，确保它不沾染任何污点。这就要求广大教师加强修炼，不断学习，提升自我；更要重视群体的整体形象和荣誉感，这也会反过来使得个体更加珍视自己的名誉。

❋

郑锦花，桂林医学院病理学教研室副主任。多年来，她始终坚守廉洁从医、廉洁从教，立德树人，以身作则，获得了广大师生的一致好评。

为人师者，郑锦花十分注重师德，更严守教师职业道德规范要求。曾有学生开学时从家里带来礼品送给她，但被她拒收了。有些家长很疑惑，当面询问她为何不能收下代表他们心意的家乡土特产？又不是值多少钱的东西，只是表达一下他们的感谢。郑锦花说："您作为家长的心情我完全可以理解，非常感谢您对我的信任，您的心意我领了，但作为人民教师，这些土特产我坚决不能收，教育好学生是我义不容辞的职责，孩子交到我手上，请您放心！"

郑锦花始终严于律己，爱惜名誉，绝不做有损师德师风的事情。在科室里，她也始终坚守原则，按规矩办事。在采购设备耗材时，会严格遵守医院采购制度，每次都会进行核心小组论证、讨论，只有大家一致同意后才会购买。她常说："科室主任就是为大家服务的，不是为自己牟利的，要识大局，懂业务，守底线。"

✳

教育工作者应珍视自我名誉，爱惜自己的羽毛。任何时候都应坚守自己的信念，远离不正之风。同时，教师也应关心学生的成长，注重培养他们的品德和涵养。

广大教育工作者理应把名誉放在第一位，任何时候都不能为了一己私利或权力，放弃自己的原则和底线。

✳

徐老师是一名中学教师，她深知，作为教师，一句话、一个眼神都会影响学生对自己的看法和态度，因此她时刻注意保持自己的良好形象。

某天，一名学生家长打电话表示想当面询问徐老师自己家孩子的学习、生活情况，并发送了一个地址，说想在这个地方与徐老师面谈。徐老师按照地址到达之后，发现是一处私人会所，便转头离开。这时，从会所里走出一个人叫住了徐老师，这个人就是打电话的学生家长。原来这名家长特地定下私人会所，是想"秘密"邀请徐老师吃饭，希望徐老师能额外关照自己的孩子。

徐老师站在会所门口，坚决不进去，她说有什么事情可以在电话里说，也可以在学校办公室说，但决不能在这样的地方说。说完，转身就走。学生家长见状，连忙拦下徐老师，开门见山地表示，只要能提高孩子的学习成绩，可以答应徐老师的一些"要求"，并可以满足徐老师的一些个人"愿望"。徐老师一听，顿时脸色大变，她认为学生成绩的提高应该建立在公平和公正的基础上，绝不能是私下的交易和交换。

徐老师当即拒绝了学生家长的要求，并表示她不会接受任何形式的贿赂或交换。她告诉学生家长："作为一名教师，我非常注重自己的名誉和形象。我希望学生能够看到我是一个公正无私的教育者，而不是一个追求私利的商人。"

后来，这个消息不胫而走，学生们和同事们都对徐老师的品格深感敬佩。

＊--

教师个人的名誉和形象非常重要，因此教师必须时刻监督自己的行为。为人师者，务必谨守自己的原则和价值观，不能因为私利而损害自己的名誉和形象。

教师若想维护个人名誉和形象，有必要树立正确的职业道德观念，不断提升自身素质和业务水平，真正做到独立、公正、廉洁，做珍视自我、爱惜羽毛的人民教师。

首先，教师要遵守职业道德规范，坚守教育事业的初心和使命，严格要求自己，在生活和工作中展示出高尚的品德和素养，并要谨言慎行，避免言行不慎带来的负面影响。不得以权谋私，不得贪图个人利益，以身作则，做好表率，当好楷模。

其次，教师要遵守廉洁纪律要求。广大教师必须本着吃苦在前、享乐在后的原则，遵纪守法，廉洁自律，时刻保持清醒的头脑，主动抵制腐朽思想的侵蚀；在处理学生之间的关系和教育资源的分配中，应该做到公正公平，不偏不倚，不厚此薄彼；始终保持廉洁的品格，不图私利，不接受贿赂，不吃回扣；坚持廉洁从教，确保教育事业的公正和健康发展。

最后，教师要不断学习和提升自身的素质和专业水平。应积极参加培训和研讨会，通过参与社会活动，扩大自己的社会影响力，同时不断拓展自己的知识面、提升教学技能。教师还应该关注教育动态和学科前沿，积极参与教研和科研活动，不断更新自己的教学理念和方法，提高自己的创新能力和教学水平。

把心思放在遵纪守规、不断学习上，也就不会在思想上"开小差"，绞尽脑汁为己谋私利。为人师者，必须爱惜名誉，唯有此才能远离声色犬马，才会抵制贪污腐败。名誉关乎着个人形象，教师必须做到廉洁自律，廉洁从教，用心呵护自己的名誉，时刻检点言行，纯洁心灵，才能永葆名誉之树长青。

3. 保持积极心态，不盲目攀比

作为教师，应该秉持积极的心态，摒弃盲目攀比的心理，追求心灵的干净和职业的高度。基于此，如何在廉洁从教的路上保持积极心态、不盲目攀比，就成了重点探讨的问题。

从教的初衷是为了传播知识，培育人才，为社会输送优秀职业力量。所以，教师在教育过程中，首先自身要端正态度、摆正思想，保持积极心态，这是确保提升工作效率和教学质量的前提。一个心态积极的教师，愿意把更多的时间和精力投入教学。

积极心态也能增强教师的职业满意度和幸福感。教师是一个集责任感和使命感于一体的职业，常常面临着各种压力与挑战。如果能保持积极心态，就会更加享受教学过程中的乐趣，并获得成就感和满足感。

教师具备积极心态，还能得到更多的发展机会和成长空间。态度积极向上的教师通常会不断寻求自我提升和发展的机会，会热衷于参加培训、学习、研究等活动，以武装自己的头脑，最终让自己在教育领域占据一席之地。

一个拥有积极心态的教师，内心自然充满阳光，热爱自己的职业，会全情投入其中。退一步讲，教师如果没有发自内心地把自己的这份职业当成事业，很容易被外界的种种因素干扰，会心态不平衡，会设法为己谋利,更会盲目攀比炫耀,甚至最终走上贪腐之路。

盲目攀比,极易导致教师心态不平衡、不稳定。在攀比中,教师常常会感到自己的努力和付出无法与他人相比,产生挫败感和焦虑感,从而影响工作效果和心理健康。

盲目攀比还容易导致教师职业倦怠。如果教师过分关注外在的物质和名利,忽视了自己对学生的真正影响,就会逐渐失去对教育事业的热情和动力,导致职业倦怠,继而影响教育质量。

盲目攀比还容易导致不健康的竞争氛围。攀比会使教育领域出现恶性竞争,教师之间会出现过度比较和激烈竞争,以至于他们不再以学生的学习成果和成长为中心,而是把注意力放在个人得失上,促使教育环境变得不健康。

　　　　　　　　　　　　　　　　　✳

冯某出生于1968年,是某县高级中学的一名化学老师,从教生涯中,她多次被评为优秀教师、先进工作者。2017年,校方考虑到冯某家庭困难,同时出于对她的信任,便让她担任食堂出纳及系统管理员,以此多给她一些经济上的补助。

此后,冯某的生活的确有了一些改观。然而,她的心态也悄然发生了变化。以前,她对那些穿戴时髦的同事并没有特殊想法,但慢慢地,她想自己是不是也可以像她们一样光鲜?

当攀比心逐渐滋生出来,冯某也就顾不得曾经坚守的教师职业基本要求,以及作为出纳应该遵守的各项规定了。她看着一笔笔经手的公款,动起了歪心思。很快,她通过少充食堂教职工中餐补助、截留现金充值等方式,陆续非法占有现金共计十二余万元。这些钱都进了她自己的腰包,而后她的穿衣打扮有了翻天巨变,并开始向同事炫耀自己新买的一些金银首饰。

在大家的美慕和夸奖中，冯某彻底迷失了自己。

最终，东窗事发，冯某为自己的行为付出了沉重的代价，被法院判处有期徒刑十一年，并处罚金人民币十万元。

❋ ┈┈┈┈┈┈┈┈┈┈┈┈┈┈┈┈

冯某犯错的原因，归根结底是她的心态出了问题，没能牢记教育的本质和初衷，没能培养起健康的情趣。盲目的攀比之心是不健康的，会扰乱一个人的心智，继而令其做出不恰当的行为。

为人师者，要端正态度，摆正心态，相信自己的教育能力和价值，不过分追求外界的赞美和认可。要不断提升自己的专业知识和教学能力，树立专业自信，摆脱盲目攀比的困扰。

教师应该以道德与良知为准绳，不追名逐利，不贪求不道德的利益，不参与弄虚作假和违法乱纪的行为，应始终着重于培养自身正直、诚信的品格，坚守教育的道德底线。

教师还需树立并维护良好的职业价值观。比如积极参与教育教学研讨，与同行共同学习、交流，追求教育公平、协作和创新，以形成积极向上的教育氛围。

走廉洁从教之路，不盲目攀比，要求教师具备积极心态，并始终坚守教育初心。只有在这样的理念指引下，教师才能真正发挥教育的力量，为学生和社会做出更大的贡献，实现自己职业和人生的价值。

4. 坚持自我反思，铸就廉洁品质

善于自我反思，是一个人难能可贵的品质，孔子"吾日三省吾身"。在从教之路上，教师身上背负的责任与使命要求其具备坚持自我反思的能力，只有通过不断总结经验、反省自身，才能在教学过程中收获成长，不断进步。坚持自我反思对于培养教师优秀品格，走廉洁从教之路至关重要。

通过自我反思，教师可以及时发现自己在教学中的不足和问题，以便及时改进，从而提高教学效果。只有不断审视自己的教学方法和方式，才能逐渐改进和创新，使学生能够更好地理解和接受知识。

自我反思也是教师提高自身素养的一种有效方法。教师通过深入反思，会发现自己一个不经意的动作、眼神或话语，都可能或创造奇迹，或扼杀一个人才。教师习以为常的行为，对学生会产生不可估量的影响。因而，教师必须学会自我反思，善于自我反思，时常回望自己的言行举止，发现缺点要改正，发现优点要保持。

通过自我反思，教师也可以对自己的职业规划和人生发展进行思考和评估，比如反思自己的职业发展路径和目标，发现自己的长处和短板，从而制定最佳策略。

❋

某市高中教师徐某深受学生爱戴。在日常的教学与生活中，他始终将清廉自律视为自己的座右铭。在一篇个人教学日志中，徐老师记录了一次深刻的自我反思，这是他在廉洁从教道路上的经历。

一次，学校举办评选班级优秀学生的活动，徐老师所在班级有几名候选学生，其中一名学生家长含蓄地表示，希望徐老师可以"关照"一下自己的孩子，事成之后可以送给徐老师价值不菲的礼物。徐老师知道这位家长在当地有一家汽车4S店，还有其他生意，可谓财大气粗。

面对眼前的诱惑，徐老师有些动摇，他很早就有买车的想法，只是由于种种原因，一直没能落实。眼下只要自己稍微"动动手指"，就可以得到一辆车，且神不知鬼不觉……然而，贪婪的念头越清晰，他脑海中入党时的誓言就越响亮，他更加意识到自己作为教师的职责与使命——公正无私地教书育人，这也是对学生最大的尊重。最终，理智战胜了贪欲，他拒绝了那位家长，没有给任何学生"特殊照顾"，坚持按照学生的真实表现进行评选。

在写下这段经历时，徐老师更深刻地意识到，清廉不仅是个人品德的体现，更是教育公正的基石。此后，他每次做出教学决策前都会进行自我审视，确保自己的每一个决定都出于公心，不受外界干扰。同时，他也更加注重与学生的沟通，鼓励学生勇于表达自己的想法，营造风清气正的班级氛围。

❋

为人师者的自我反思，不仅是对自己过去行为的审视与总结，更是对未来教育之路的坚定承诺。广大教育工作者，只有保持清廉自律，才能真正成为学生心中的那盏明灯，照亮他们前行的道路。

作为教师，必须时刻保持廉洁自律。任何违反职业道德的行为都会对良心造成谴责，也会损害人格和尊严。在面对诱惑时，应该坚定自己的信念，不为私利而违背良心。同时，也应该时刻提醒自己，反腐倡廉是每个公民应尽的责任，包括教师。只有这样，教师才能真正做到为人师表，为教育事业贡献自己的力量。

每名教师都应该意识到自我反思的重要性，这是促使一个人进步的有效途径之一。反思，意味着认识到自己的不足，就会保持谦逊、保持低调，把不断审视自我、改进自我作为终身课题。通过自我反思，教师可以不断提高自身的道德素养，以更饱满的姿态投入到教书育人之中。

坚持自我反思，也要求广大教师在教育的广阔天地中寻找清廉因子。廉洁教育是国家廉政建设的一个重要组成部分。教师只有常常自省自查，反思自己，才更容易铸就廉洁品质。

铸就个人廉洁品质，通常表现在两个方面。

第一，在日常教学和生活中，教师本身要作廉洁表率，不贪不占，不接受家长及他人任何形式的贿赂，不因对方与自己的关系亲密，或对方所赠送的礼物价值不高而接受。有道是"千里之堤，毁于蚁穴"，腐败往往从小恩小惠开始。因而，教师要常常反思自我，是否曾在不经意间，或因无法回绝的人情等因素接受了他人的"馈赠"？

教师"腐败"大多源于家长送礼送物，虽然他们的初心是为了孩子，这本无可厚非，但用错了表达方式。此时，恰是考验教师的关键时刻。若教师接纳了"好处"而对学生特殊关照，也会让学生内心种下"邪恶"的种子，试问这样的教育意义何在？

第二，教师在教学中，要主动对学生进行必要的廉洁教育。如果教师常在课堂上或恰当的时间宣讲廉洁的意义，也会借助一些学生之口向他们的父母传递一个信号：切勿动歪心思，试图"贿赂"教师。这极大地保证了教育的公平，更有助于教师自身塑造正派、廉洁的形象。

教育工作平凡而伟大，关系着千万孩子的未来。教师本身的人格对于学生的学习、生活、为人等都有着潜移默化的熏陶作用，所以教师必须严守廉洁从教之道，把真、善、美的种子播撒在学生的内心，这样才更具有号召力，从而影响学生的道德品质和精神世界。

教师也只有具备廉洁的品质，才能建立起健康、干净的师生关系，学生也才会更加尊重和信任教师。教师的廉洁品质更直接影响学校的形象和声誉，使学校在社会中获得更多的肯定和赞誉。

廉洁是教师立教之本，每一个坚持自我反思的教师都应当带头宣传廉洁文化，让廉洁文化进课堂、进校园，最重要的是在自己的内心根植廉洁文化。教师本身也必须从自我做起，时时提醒自己身为人师，在于求学问、做教育、干事情。

虽然廉洁从教也需要法规约束和社会舆论的监督引导，但更关键的还是教师自己以廉洁标准自我要求、自我约束，自觉保持清廉纯洁的师风，在思想中筑造厚实、坚固的廉洁堡垒。

5. 艰苦奋斗，培养清廉作风

艰苦奋斗是培养教师清廉作风的必要条件。一方面，艰苦奋斗能够培养教师坚忍不拔的精神品质。教师是一个需要长期投入大量时间和精力的职业，在漫长的从教之路上，名利带来的诱惑从未中断。"名心盛者必作伪"，如果教师名利心过重，自然会有意无意地"弄虚作假"，损害教师的社会形象。当面对来自学生、家长、社会等各方面的压力时，只有具备坚强的意志和毅力，才能克服困难，做到公正廉洁，成为一名优秀的人民教师。

另一方面，艰苦奋斗能够提升教师的素质。教师的工作本就是一项孜孜不倦、日复一日的劳动，只有通过持之以恒的努力，才能不断提升自己的专业能力和素质，做到胸怀文化、扎根实践。

艰苦奋斗需要教师从自身做起，通过一系列的举措来提升自己的清廉作风。

第一，强化政治理论学习。教师在工作中除了要遵守教师的职业操守，也要重视政治理论学习。此外，把艰苦奋斗的作风融入日常生活和教学中，如此更易于增强廉洁自律意识。

第二，认真学习各项规章制度。明确的制度规定对教师的思想和行为能起到约束作用，教师只有把各项规章制度与从教禁忌烂熟于胸，才不会在从教中犯错，才能增强纪律观念、责任意识，保持警钟长鸣，严格遵守纪律规定。

第三，学会拒绝诱惑。天下没有免费的午餐，教师在与学生、家长的交往中，可能会遇到各种各样的诱惑。教师要学会拒绝，保持清白，不受侵蚀。同时，生活上保持勤俭节约，剔除脑海中奢靡享乐的思想，不断发扬艰苦奋斗的作风。

艰苦奋斗与清廉作风相互依存，一个能够吃苦耐劳的教师，绝不会轻易地被不正之风所污染，他会怀有无私奉献的精神，懂得艰苦奋斗是中华民族的优良传统，继而弘扬正气，廉洁从教。

近年来，我国的教育事业取得了巨大的进步和成就，这离不开一大批艰苦奋斗、作风清廉的教师的默默付出。他们用自己的一言一行、一举一动潜移默化地熏陶着学生，传递着教育的力量。

❋

　　王明是某小学的一名年轻教师，他对教育事业充满热情。由于学校所在地位于农村，他面对的大多是家境不富裕的学生。他薪水微薄，但依然毫不犹豫地把自己的存款捐给了这些学生，帮助他们购买学习用品和生活用品。他还经常利用课余时间组织学生参加各种社会实践活动，让学生感受社会的温暖和关爱。

　　除了对学生的关心和帮助，王明还始终坚守着清廉原则。一次，他得到了一个私下补课的机会，几名家长凑钱想要支付补课费用，但是王明断然拒绝了。他告诉家长，教育应该是公平公正的，每个学生都应该有平等的受教机会。他的做法赢得了家长的理解，而他也凭借超高的教学质量和良好的师德赢得了学生、家长和学校的信任和尊重。

❋

为人师者，理应把全部身心投注在学生身上，一如案例中的王老师，用自己的一举一动关爱学生、呵护学生，彰显出一名教师的责任与担当。

* * *

屈伯川，著名学者、教育家，大连理工大学主要创始人之一。

作为学者、教育家的屈伯川，更是一名优秀的党员干部，他公正清廉、严于律己，事事冲锋在前，在困难时期与大家共同艰苦奋斗。他要求学校领导干部带头发扬党的优良传统和作风，克己奉公，不搞特殊化。他亲自到学生食堂帮厨、与师生一起在校园栽树。

1979年冬，学生们反映食堂伙食不好，宿舍暖气不热、窗户不严、频繁停电停水。收到这些反映后，屈伯川马上开了几个座谈会，认真听取学生的意见和建议。他对学生们说："你们到大连理工来，是来学知识、长本事的，我这个当院长的，没有照顾好你们。你们年轻，正是长身体的时候，可你们在学校吃不好睡不好，连口热水都喝不上，我很难过。不过，请同学们相信，这些困难是暂时的，我们一定会尽快解决问题，给同学们创造良好的学习环境。但有些问题不是一天两天能解决的，也请同学们克服一下困难，为学校分忧。"

晚上，睡在学生宿舍的屈伯川因为寒冷戴上棉帽子，第二天起来后他又召开会议，表示绝不能让学生住在这样的宿舍，否则学生怎么能上好课。他说："这段时间，请同志们辛苦一下，想方设法解决好这个问题。你们的工作是很光荣的，小平同志都愿意当后勤部长，我也愿意当。"接着，他与大家一起商量解决办法。

屈伯川在工作上有高标准，生活上却是低要求。他始终严于律己、清正廉洁，一辈子艰苦朴素。早年他曾带队去沈阳接各地考入本校的学生，他坚持不住旅馆，而是打地铺，按照他的说法是"现在国家还困难，咱们省一点是一点"。

✳ --

屈伯川高风亮节、无私奉献、艰苦奋斗、廉洁自律的品格，值得后人学习和继承，他无愧于教育家称号，也无愧于优秀共产党员称号。

教育是一项伟大的事业，教师是这项事业中非常重要的一环，优秀的教师总会用自己的行动诠释艰苦奋斗和清廉作风的意义。艰苦奋斗、作风清廉是教师不可或缺的品质，对教育的发展和学生的成长意义重大。

6. 以廉慎为师，加强自身道德修养

《读书录》中云："廉而自忘其廉，则人高其行而服其德。"意思是，为人处世廉洁正直，慢慢会形成习惯，他人也会推崇他的行为，钦佩他的德行。这句话多用在为官从政者身上，要求为官者只有保持廉洁品质才能取信于民。同时，清廉为官，慎独自省，才会留下清白名声，为后世所仰慕。

这句话也同样适用于教师廉洁从教上。教师作为社会文明的传承者，肩负着培育和引导未来一代的重任，理应将严谨治学作为职业追求，更应该以廉慎为师，通过加强自身道德修养，成为受人尊重和推崇的传道者。因而，每一名教师都应以廉执教，谨慎治学。

教师廉慎缺失的表象多种多样。虽然有的教师在工作中表现出色，但他们利用职务之便从中牟取私利，插手利益链条。还有的教师存在道德失范问题，如体罚、虐待学生等，这样的行为严重伤害了学生的权益和心理健康。此外，极个别教师在考试中存在泄题行为，导致考试制度受到严重破坏。

教师作为祖国未来栋梁的园丁，理应具备廉慎的品质。廉慎，意味着教师需忠诚于教育事业，遵守社会道德规范，恪守职业伦理，不以谋私利为目的。教师廉慎与否，直接关系到学生的成才、教育的公平以及

社会的发展。因而，教师在执教过程中，要主动树立廉洁勤勉的形象，常奏"廉之韵"、常发"廉之声"、常展"廉之风"。

❋

周森是一名中学教师，她一直坚持廉洁自律的原则，不接受任何不正当的利益输送。在一次学校活动中，她负责采购活动用品。她严格遵守学校的采购流程，对比不同产品的质量和价格，最终选择了性价比最高的产品。在此过程中，她拒绝了所有不合理的邀请和诱惑。

除了在采购中保持廉洁，周森在教育教学中也始终遵循廉洁自律的原则。她从不偏袒任何学生，对所有学生一视同仁。在评判学生时，她坚持以公正为原则，不因个人喜好而有所偏颇。她不仅注重学生的学业成绩，也关注学生的品德和个性发展，努力培养全面发展的优秀学生。

周森不仅自己坚持廉洁自律的原则，还积极向学生传授廉洁思想。她经常在课堂上教育学生要保持正直和廉洁的品质，不接受任何人的贿赂和好处。她还会组织一些主题活动，如"廉洁从我做起"演讲比赛等，让学生在活动中深入了解廉洁的重要性，树立正确的价值观。

❋

周森老师的故事告诉我们，作为一名教师，应该时刻保持廉洁自律，不受利益诱惑，为学生树立正面的形象。同时，还应该注重培养学生的廉洁品质，为社会的健康发展作出贡献。

廉洁自律和正直无私是我们每个人应该追求的品质，而作为育人的教师，更应注重廉与慎的修行，不断学习，不断改造思想。

教师的廉慎行为既关乎个人的道德修养，也关系到教育事业的健康发展，这也是廉洁从教的基本要求。

廉慎，要求教师端正思想，培养高尚的道德情操，才能真正成为先进文化思想的传播者。教师要真正发挥园丁精神，把为祖国培养栋梁之材当成责任和使命。

　　教师对学生的影响远远超出教育教学范畴，学生的价值观、行为习惯等都会被教师影响，这就要求教师时时廉慎、事事廉慎、处处廉慎，帮助学生构建积极、健康、阳光的精神世界。因此，只有教师加强自身道德修养，提高自己的职业素养，才能更好地育人，为社会做出更大的贡献。

　　同时，教师要树立正确的人生观和价值观，合理使用教师权力，树立威信。通过学习专业知识，不断提高自己的专业能力，用知识武装自己，提升自己的软实力。

第七章
教学相长，以廉促教树新风

教师作为执教者，自然是以教授知识、引导学生为职责，作为新时代的教师，更要"教""学"相济，一面教，一面学，让自己在从教过程中不断获得提升，从而筑牢师德底线，树立清正校风、清净师风、清廉教风。

1. 公正从教，平等对待每一名学生

每个人都应该被公正对待。为人师者，切勿因为自己是教师，身份和地位特殊，便以居高临下的姿态面对学生。

当教师的思想被这种意识所主宰，久而久之，会自然而然地把自己放置在更高的位置上，也就更难以公正地对待每一名学生。可怕的是，一旦这样的教师被个别家长的小恩小惠"俘获"，沦为利欲的奴仆，继而区别对待学生，对个别学生额外关注，这便造成了教育资源失衡。

学生的自身条件、家庭背景等各有不同，但这不是教师搞区别对待的理由，教师更不能以学生家长与自己关系的远近亲疏选择以怎样的态度对待学生。所以说，廉洁是不贪不占，但更是公平公正。

苏霍姆林斯基说："所谓公正，就是尊重与严格要求相结合。在学校生活中，没有也不可能有什么抽象的公正。教育上的公正，意味着教师要有足够的精神力量去关心每一个儿童。"强调教师应公正地对待所有学生，这要求教师端正自己的态度，认清教育的本质，切勿把手中权力当成谋取个人私利的工具。

---- ✳

肖某是某校二年级数学老师，她本是个教学基本功十分过硬的老师。在一堂很显然是精心准备的公开课上，却出现了

"意料之外"的一幕。

当天，校领导陪同教育局几个领导一起来听公开课。从上课开始一直持续到课中，有一个小女生在肖某提问时总是怯生生地举起手。她很想被老师点名回答问题，可肖某只是"按计划行事"，让事先安排好的学生回答。起初大家并没有特别在意，还以为举手的学生太多，没有轮到她。

然而，当十几名举手的同学都被提问，还有几个同学被提问了多次时，那名小女生涨红着脸，似乎鼓起最大的勇气，直接把手离开桌面，举得高高的。但是这位肖老师还是没有提问她，最终，小女生干脆在肖某又一次提问时直接站起来说出了答案。此时，几位领导似乎也看出了"端倪"，一位领导直接询问肖某为什么不提问那名小女生。肖某有些不好意思地解释说自己没有看到。

下课时，肖某迅速地瞪了那名小女生一眼，小女生害怕极了，赶紧低下了头。这一幕，恰好被校长看到。事后，经过调查得知，原来这次公开课肖某事先安排了几名学生轮流回答问题，这本已经是弄虚作假，而且那几名学生都是给了肖某"好处"的。肖某曾多次在班级微信群中向家长暗示身为教师十分辛苦，每天都要为学生操劳，身心俱疲，所以那几名家长私底下多次给肖某送礼送物。那名小女生的妈妈却在群中发了一段话：为人师者，以传道授业解惑为天职，这是教师的职责所在，我们作为家长也会大力支持。

家长的话没错，肖某却记恨在心，才出现了公开课上的那一幕。据了解，肖某在平时的课堂上更是时不时数落那名小女生。

最终，肖某被校方通报批评，其他师德失范等违法行为也移交到相关部门调查处理。

✳ ··

肖某不但未能做到公正从教，还索贿受贿，既违反了教师职业行为十项准则，更有悖于廉洁从教的职业道德，是为人师者的大忌。家长送礼送物的孩子获得了更多的关注和照顾，不送礼或质疑她的家长却让自己的孩子遭受"不公待遇"。归根结底，是肖某本身失德失范，没有履行教师的职责，忘记了教师的使命。

公平地对待每一名学生，要求教师首先要一视同仁，正视每名学生的差异，不能看不起学生。不得偏爱优生，鄙视成绩差的学生，要善于用放大镜捕捉学困生身上的亮点，帮助他们树立信心，这也是公正教育的一个重要侧面。

其次，教师要体谅和宽容学生，设身处地站在学生的角度考虑他们的感受和行为，分析他们产生某种想法和行为的原因，真正走进他们的内心世界，与他们成为朋友。

再次，教师要采取多样化的教学方法，有助于让学生展现自身独特的一面，这既会让教师更全面地了解学生，也会让学生意识到哪些方面是自己的特长，哪些方面是自己的短板，从而弥补短板，发挥特长，成长得更为全面。

又次，教师要奖罚分明，学习好的学生犯错也要给予适当的处罚，学习差的学生进步则要进行必要的奖励，反之亦然，这是教师公平公正教育的基本要求。

最后，教师要倡导"师生平等"的观念，务必自纠自查，不要给学生一种高高在上、遥不可及的感觉，这会极大地影响师生之间的正常交流。教师要俯下身来，放下架子，走近学生，这样才能构建和谐的师生关系、营造良好的育人氛围。

公正与廉洁紧密相连，公正则廉，不廉则不公。教师要想真正做到教育公正，就必须做到廉洁，必须恪守廉洁从教的高尚师德。

---------------------------------- ✳

　　朱老师是一名从教多年的教师，始终默默地坚守着廉洁教风。一次期末考试前，一名家长给朱老师发了个"大红包"，希望朱老师可以在阅卷时给自己的孩子多加分数，"事成之后"还有重谢。

　　在十余年的从教生涯中，朱老师遇到过很多类似的事情，她当即拒绝了那名家长的请求，并严肃地告诉家长，她的工作是要给学生们提供最公正的评价，绝不会为了金钱改变分数，教师的职业道德和良心是无价的！

　　朱老师的言辞举动赢得了家长的尊重，此后这名家长再也没有提过类似的要求，还积极配合朱老师的各项工作。

✳ ----------------------------------

任何一名学生，都有成才的可能，关键在于后天的环境。就如同一棵娇嫩的树苗，在恶劣的环境下或许很难长大，但在适合的气候、土壤等条件下便很容易长成参天大树。这里的"环境"，从学校教育的角度看，教师也是其重要的组成部分。

教师应该立足于自己的教职岗位和身份，像呵护幼苗一样关爱每一名学生，以身作则，以廉促教，绝不能让教育成为腐败的温床。

2. 将心比心，与家长做真朋友

教师与家长之间的沟通，常被认为是个"不好解决的问题"。因为教师身份的特殊，一些家长单方面以为只有"讨好"老师，自己的孩子在学校才不会"吃亏"。

面对家长以"讨好"作为沟通基础的现实，教师应该如何应对呢？或者说，教师在与家长沟通上，应该采取哪些方式呢？

《增广贤文》中云："酒逢知己饮，诗向会人吟。"意思是，酒要与了解自己的人喝，诗要向懂得的人吟。换句话说，人与人交往要更多地"以人心比自心"，设身处地站在对方的角度考虑问题、看待问题。当然，这并不意味失去立场，凡事都先考虑他人，而是学会将心比心，在沟通时多想想对方的出发点，这样就更容易"共情"，以便彼此理解。

--- ✳

吴敏师范大学毕业后就走上了教师岗位，由于在工作中表现出色，没几年，她就被评选为优秀班主任，更成为县里首届模范班主任。

在日常教学中，吴敏总是愿意俯下身，真正走进孩子们的内心世界。身为教师，自然要经常与家长打交道，在这个过程中，吴敏也深深地意识到，要想真正成为育人之师，单有好的教学方法并不是全部，而是与学生家长站在统一阵营，与他们做朋友，并要做"真"朋友。

为了这份"真"，吴敏几乎成为班上孩子的第二个妈妈。在与家长们沟通时，她总是充满耐心，带着真诚。她可以明确地说出班上每个孩子的脾气秉性，还"教"家长如何与自己的孩子相处，如何化解孩子们内心的坏情绪。针对孩子身上的缺点，如何去改正，以及如何鼓励孩子建立自信等。

有了吴敏的这份"真"，家长们也对她产生了更多的尊重、包容和理解。不少家长为了表达感激，开始频繁送礼送物，不是化妆品就是超市购物卡，或者在逢年过节购买昂贵的礼盒，还有人直接带着装着现金的信封去吴敏家小区"蹲守"。

面对这一切，吴敏始终保持清醒的头脑，她一一婉拒家长的好意，并请求大家将心比心，多为她"着想"。家长们不解，吴敏便说："如果你们是教师，家长为了表示感谢，送礼送物，不就等于把你们往火坑里推吗？教师职业道德规范明令禁止教师收受学生家长的财物，如果你们希望自己的孩子有一个好榜样，就一定要以别的方式来支持我的工作……"

吴敏的一席话，让家长们不再坚持以行贿的方式表达感激之情。转而，他们大力支持吴敏的工作。吴敏把家长们当成了"真"朋友，家长们也同样以真心待真心。

＊

陶行知说："真教育是心心相印的活动。唯独从心里发出来的，才能达到内心的深处。""心心相印""从心里发出来"，这样的说法无不表明教师要心怀真诚，把爱投入到学生身上和教育之中。教师只有"真"的用心关爱学生、献身教育，家长才会真切地感受到这份"真"与"诚"。

在教育上，教师的作用不言而喻，而家长为了孩子的教育，殚精竭虑，绞尽脑汁，所付出的心血同样巨大。所以，教师也有责任学会与家长联合起来，共绘育人同心圆。

　　教师与家长成为真正的朋友，意味着彼此愿意敞开心扉，为共同的目标努力。家长希望子女成才，教师也渴望桃李满天下，二者的立场从来都不是对立的，也不应该是对立的。只要双方的接触不是建立在利益的往来上，家长尊重教师、信任教师；教师理解家长、体谅家长，双方将心比心，必定会在育人成才上收获可喜的成果。

3. 正确看待师生关系，塑造学生健全人格

《浏阳算学馆增订章程》中云："为学莫重于尊师。"意思是，做学问、学本领，最重要的莫过于尊重老师。尊师重道是中华民族的传统美德，一个人必须对传授自己知识、教育自己做人的老师心怀感恩之情。反过来，教师也要对学生充满爱心、耐心、细心，这是教师职业道德的基本要求。

孔子说："爱之，能勿劳乎？忠焉，能勿诲乎？"意思是，爱他，能不为他操劳吗？忠于他，能不对他进行劝告吗？瑞士教育家斐斯塔洛齐提倡教师对学生最重要的品德就是爱。在他看来，教师要想成为真正的教育者，就一定要把自己的心献给他们。

-- ✳

安文军，甘肃省优秀辅导员、第十届华夏千秋基金会园丁奖、全国优秀教师、全国教书育人楷模。从教三十年，他始终不忘为人师者的责任与担当，他所教过的学生超过三千名，遍布天南地北，可谓是桃李满天下。

安文军曾说："做教育工作，要足够专业、有责任心。"在校园里，他非常愿意与学生做朋友，学生们也都愿意把自己的心里话说给他听。在这样的点滴相处中，师生关系格外

融洽。

安文军担任了二十一年班主任，几乎每次带的都是别人眼中的"差班"。在管理这样的班级时，安文军会使出自己的"绝招儿"——让班级里最调皮捣蛋的学生当班干部，采用"兵带兵、生管生"的策略。

2016年，安文军在担任班主任时任命班上的一名"差生"为班长，对此有的学生家长和教师提出异议，但安文军坚持自己的做法，还鼓励这名班长："我相信你，你大胆放手干！"

让人意想不到的是，这名"差生"此后严格约束自己，努力学习，还在校篮球赛等活动中取得了优异成绩。大学毕业后，该名学生参加了公务员考试并被录用，他逢人便说："没有安老师就没有我的今天。"

在安文军的鼓励和教导下走出精彩人生的学生还有很多。安文军也一直在教学一线发挥着自己的光和热。他希望用知识改变学生的命运，并让他们拥有爱、品格和勇气。

＊

良好的师生关系可以改变学生的一生，它能让每个受教者都学有所长。良好的师生关系有赖于教师与学生的共同努力和维系，具体来说，学生要尊师重道，对教师有尊敬之心，听从教师的教诲；教师则要平等地对待每一名学生，多一些赞美和鼓励，让学生看到自己的闪光点，从而变得更加自信。

健康的师生关系从来不需要假意的鼓励和赞扬，真诚的批评和责骂都好过虚伪的善意。所以，新时代的教师要重视塑造学生健全的人格，切勿在与学生交往中掺杂金钱和物欲，这既会伤害学生的心灵，更有违廉洁从教的职业规范。

有人曾向著名教育家、特级教师王企贤讨教教育方法，他回答道：

"要说有什么经验，也很简单，只有一个字，就是爱，爱你所从事的事业，爱你所教的学生。"的确，为人师者只有满怀爱与责任，才能发自真心地评价每一名学生，对他们的行为举止给予客观的评判，不偏不倚，公正中立。也只有满怀爱与责任，才不会被某些家长的"糖衣炮弹"击中，做出违心违德的事情。

再则，教师满怀爱与责任，更容易与学生建立和谐的关系。师生关系融洽，彼此都会获得更好的情感体验。教师会带着愉悦的心情传授知识，教育学生；学生也会充满热情与信心，努力学习知识，并以教师为榜样，自觉地提升个人品德修养，塑造健全的人格。

构建良好的师生关系，对教师和学生都大有裨益。

首先，教师与学生关系和谐、融洽，彼此敞开心扉，更容易坦诚相待。教师会真心实意地对待学生，不失公允，一视同仁，让学生在公平公正的环境下成长。学生在这个过程中也会获得更多的自尊与自信，会更主动地参与教育过程，也会得到教师的更多鼓励与赞扬，继而形成良性循环。

其次，良好的师生关系有助于培养学生高尚的道德情感。在长久的交往中，学生会对教师产生感激之情，这有赖于教师在教学活动以及生活中对学生的呵护。学生会慢慢形成人与人之间关系的正确认知，并逐步扩大自己的爱，将其奉献给更多人，这对社会也会产生积极作用。

最后，教师与学生和谐相处，也有助于学生养成较为完善的性格、健全的人格。教师的言行举止对学生的影响是潜移默化的，也是极其深远的。师生关系好，学生会保持舒畅的心情、乐观的情绪，面对困难也更积极，会关心集体、乐于助人。

著名教育家赞可夫说："就教育工作的效果来说，很重要的一点是要看师生之间的关系如何。"可见，教师正确看待并妥善处理师生关系，是有效保证教学效果的关键。同时，良好的师生关系，也会塑造学生的品格、品行、品德、品位。更关键的是，教师更容易左右师生关系的好恶，成为彼此关系的主导，所以教师要先做到为人师表，廉洁从教，端正自己的态度、约束自己的行为，才能成为学生的良师益友。

4. 发挥职业精神，维护学生权益

为人师者，应当诲人不倦、无私奉献，始终怀揣"学生至上，以学生为中心，关怀爱护学生"的信念，成为学生的良师益友；要立足于岗位，为人师表，勤勉敬业，忠诚履职，全身心投入伟大的教育事业，与莘莘学子携手共进、筑梦未来。怀着这样的职业精神，教师理应把学生摆在首位，努力维护学生的权益。

恪守、发挥职业精神，要求广大教师首先具备敬业精神，努力做到以德立教，重视修身养性，立教育之志，争做道德上的君子，事业上的楷模，以大爱塑造学生的品格。敬业之余还要"乐业"，要全身心投入自己的工作中，这样就不会被物欲所左右，不会因名利而动心，做到廉洁从教。

其次，具备奉献精神。教育工作既细致又复杂，且很难以量化的方式计量教师所付出的劳动。所以，就要求教师对教育工作保持奉献精神，做到心底无私，不计回报，消除个人功利化的思想，不慕奢华，艰苦朴素，本着"一支粉笔，两袖微尘，三尺讲台，四季耕耘"的原则，深耕教育沃土。

最后，具备廉洁自律精神。"教育者先受教育"，即"育人先育己"，身为人师，必须以身作则，不做违背党纪国法的事情，不利用职务便利谋私利，严格按照教育政策行事，这样才能担起教书育人的重担。换句话说，教师务必常常反观内照，自省自查，不断发现、纠正、改造自己思想中的缺陷，裨补缺漏，无愧人民教师的光荣称号。

除上述三种职业精神外，教师还应具备进取精神、创新精神、负责精神、参与精神和爱国主义精神等。归根结底，教师具备种种职业精神，发挥职业精神的终极目的是要切实做到维护学生的合法权益。

-- ✳

　　谢某是一家旅游学院的辅导员，一直为该学院的本科生讲授两门在他看来并不"重要"的课程。为此，谢某十分敷衍，觉得这两门课程是"送分课"，因而从不备课，每次上课之前只会让班长协助在网上找一些现成的资料，七拼八凑，做出一个毫无价值的 PPT，有时干脆在网上下载固定的 PPT 课件"依样画葫芦"。讲课时，也不曾将自己的理解掺入其中，而是从头到尾念课件。一个半小时的课程，往往就在他这般糊弄中度过。更过分的是，赶上某次课"准备"得不充分，他会把准备好的 PPT 再念一遍，目的只有一个：消磨时间。

　　谢某的表现让学生们大为不满，后来学校得知这一情况，给予谢某行政警告处分，并将其调离辅导员的岗位。

✳ --

为人师者，必须发挥职业精神、敬业精神，不负培养学生的使命。案例中的谢某显然未能做到这一点，完全丧失了身为教师的责任意识，更侵害了学生的合法权益。

"教师"被誉为太阳底下最光辉的职业，这种光辉形象却不是永恒的、一成不变的。教师只有恪守职业道德，发挥职业精神，做好行业自律，认真贯彻执行各项规章制度，将制度和规定内化为自身的道德要求，外化于思想和实际行动中，才能"见利而不苟得"，成为学生权益的护卫者。

人生是一个不断学习的过程，教师则更要保持不断自我提高的习惯，这是确保教师职业精神常在常新的前提。不断学习，才能不断拓展思维边界，提升认知水平，继而自我改善。

良好的职业素养是职业道德的保证，职业道德又确保了教师恪守并发扬职业精神，所以从根本上说，教师要以提升个人素养为前提，这会让他们在教学活动中更有良知、更有原则、更有底线。

第八章

家风正派，营造清廉和谐的家庭氛围

作为教师，廉洁从业是重要品质。廉洁从业意味着清白无私、公道正派。广大教师应以廉洁为准则，树立正派家风，为自己、为家庭、为社会输送清风正气。

1. 拒贪拒腐，保持教师之家的清风正气

家是重要的港湾，也是塑造一个人世界观、人生观、价值观的重要场所，一个充满清风正气、清廉无私的家庭，会对每一名家庭成员的道德品质养成带来积极影响。作为教师，更应该主动担起家风塑造者和守护者的责任，既使自己不沾染歪风邪气，又让家人远离一切不正之风，拒贪拒腐，保持家风的正派，守住廉洁底线。

"学高为师，身正为范"，教师育人先育己，只有自身重视品德修养，主动拒贪拒腐，才能为家人树立榜样，才能让家风这股清泉滋养所有家庭成员的心田、守护家的灵魂。也只有家风正，在育人时方显清廉正直，也会在从教时真诚地为学生的成长和发展着想，为学生树立榜样。

那么，教师在树立、保持正派家风上，具体应该怎么做呢？

首先，自觉学习，提升修养，筑牢防腐拒变防线。拒贪拒腐不只是党员干部的事，教师身处教育领域，同样会面临各种利益的诱惑，行贿受贿等现象时有发生，所以，要想真正管住自己的手，就必须加强学习，武装自己的头脑，做到"见利心不动"。

其次，以案为鉴，防微杜渐守底线。教师应常看各类贪腐案件，意识到拜金主义、功利主义的危害，以案为鉴，警钟长鸣，学会自我反

省、自我纠错，不以恶小而为之，不认为"吃拿"是理所应当，要把握自我、严管自我，以廉洁形象出现在学生和家长面前。

最后，牢记为师初心，不改育人使命。教师要时刻牢记自己加入人民教师队伍的初心和使命，不因物欲诱惑改变心迹，坚守高尚情操，做到清廉、洁白。同时，要树立正确的是非观，这是拒腐防变的基础。

不难看出，教师要想让家风纯，首先要让师风清，即让自己做个清廉自守、不贪不占的人，否则又如何去影响家人、带动家人呢？

＊

吴文俊，人民科学家，中国科学院数学与系统科学研究院研究员，第五、六、七、八届全国政协委员。他在数学领域作出了巨大贡献，而他之所以能取得如此巨大的成就，与其优良的家风密不可分。

吴文俊的父亲吴福同在一家出版社做翻译工作，父亲喜欢看书、买书、藏书的习惯深深影响了吴文俊。吴文俊曾说，父亲对他的影响最大，因为父亲爱读书以及为人处世的方式都让他受益终身。

吴文俊从上海交通大学数学系毕业时，正值家里的日子过得非常困难之际。但父亲还是对他说："你去看你的书，做你喜欢做的事，经济方面的事、家里的事情你什么都不要管。"为了让吴文俊安心，父亲同时做两份工作赚钱养家。

看着父亲如此辛苦，吴文俊更加努力。等他成家后，他对工作、学习的态度也潜移默化地影响了自己的子女。此外，他的夫人陈丕和在中科院数学所图书馆工作，精通英文、法文，因而也经常教导孩子们多读书。吴文俊的三女一子后来都学业有成，在各自的领域做出了成绩。

吴文俊对子女的教导、影响既包括读书学习，也包括做人做事。一次，儿子吴天骄在家中对一个水利工程的工程量进行计算，吴文俊担心儿子出错，夜里几次起床帮忙检查，并对儿子吴天骄说："错一点结果就变了，就会危害社会。"父亲的教导让吴天骄牢记在心。

2008 年，吴天骄要评高级工程师，万事俱备，唯独发表的论文偏向理论研究，让他有些担忧。吴天骄把心中的担忧告诉了父亲。吴文俊坦然地说："如果你够格，自然能评上。"其实，以吴文俊的身份地位，在院里打个招呼不算难事，但这种"走后门"的情况绝不可能发生在他身上，所以他并未过问此事。最终，吴天骄落选。吴天骄说："没有埋怨，反而很感谢父亲，是他让我明白，比职称更重要的是做人的正直与无私。"

＊ ---------------------------------------

在"师者之家"，优良家风的影响应更甚于普通人家。所以为人师者在家庭中要处处从自身做起，树立榜样，做到廉洁奉公，不利用职务之便谋取不正当利益，要果断地对贪污行为说"不"，这是培育廉洁家风，涵养清风正气的关键。

教师也要充当监督员的角色，当家庭成员出现偏离廉洁的行为时，要以温和的方式提醒、劝诫，帮助他们认识错误、改正错误，避免误入歧途。比如，可以定期组织家庭会议，共同学廉、倡廉、护廉，增强互动与交流，让每个人都从根本上认识到廉的益处、贪的危害。

教师保持家庭的清风正气，对于社会稳定和文明建设也具有重要作用。一个正派廉洁的教师家庭，不仅能够培养出优秀的子女，更有助于营造风清气正的廉洁氛围，形成良好的社会风尚。

家庭成员可以共同参与社区或学校的志愿服务活动，关注并帮助弱势群体，通过实际行动践行廉洁和谐的价值观。在此过程中，家庭成员之间要遵守公开透明的原则，抵制私底下的勾结和利益交换行为，坚守底线，传递家庭和社会的正能量。

拒贪拒腐，保持教师之家的清风正气也是当代教师的责任与使命。教师通过正确的引导，可以为家庭、学校创造一个廉洁、和谐的环境，在此过程中，也能重塑教师的思想与品质。

不难想象，能够主动拒贿的教师，自然深知贪腐的危害、廉洁的可贵，所以也一定会以廉慎为师，以不贪为宝。由此也可以想象出，这样的教师必然会在家庭中营造廉洁氛围，引导家庭成员为人以廉、处事以廉。

反之，那些热衷于"吃拿卡要"的教师，全然不懂廉为何物，更不会真正把传道、育人当成首要任务，他们只是披着教师的外衣，行贪污受贿之事。

"廉树威贪失信，廉兴国贪失家。"作为教师，绝不可屈身于名利权贵。自古以来，教师的形象就是无私伟大的，是学生学习的榜样和树立理想信念的引路人，理应具备良好的品德。如果教师之家失去清风正气，教师本人也可能会道德沦丧。

总之，教师应该注重自身的品德修养，拒贪拒腐，做谦虚朴实、严于律己、廉洁奉公的表率，激浊扬清，努力营造清廉和谐的家庭氛围。

2. 约束家庭成员，狠刹不正之风

教师作为传道、授业、解惑者，自身必须做出表率，从家庭的角度看，教师要在教育自我和教育他人两方面入手，一边严于律己，一边严格约束家庭成员。

在自我教育方面，教师要做到"四廉"。

第一，做"廉洁参谋"。加强道德修养是教师的"必修课"，广大教师要善于通过社会主义核心价值观引领家风建设，以廉为荣、以贪为耻，言行有规矩、做事有分寸，用自己的行动熏陶身边人。

第二，做"廉洁管家"。发扬艰苦奋斗的作风，勤俭持家，不被物欲遮蔽双眼，不追求奢华的物质生活，不贪图不义之财，倡导廉俭的生活方式，严格自我约束，并督促家里人远离贪污腐败，走向清正廉洁。

--- ✳

　　明代嘉靖六年九月的一天，王阳明给继子王正宪写了一封家书，他在信中批评了族人王守度，因为他不听管教、不服从家规。他写道："汝在家中，凡宜从戒谕而行。读书执礼，日进高明，乃吾之望。"王阳明希望王正宪严格行使管教权力，若谁败坏了家风，待他回家时一定重罚。

　　王阳明了解王守度，知道他喜游荡奢纵，所以才让王正宪严格约束。王阳明始终抵制恶俗、抗拒物欲的诱惑。在写给弟子兼妹婿徐爱的家书《与徐仲仁》中，更是强调了"毋为习俗所移，毋为物诱所引"的重要性。对于家族成员，王阳明可谓用心良苦，其家训如一盏长燃的明灯，照亮了后辈子孙的前程。

王阳明认为年轻人若被物欲诱惑，会一心追逐毫无价值的东西，反过来便会助长恶俗势力。为此，他在给侄子王正思的信中写道，"吾非徒望尔辈但取青紫荣身肥家，如世俗所尚，以夸市井小儿"，希望他"以仁礼存心""以孝悌为本"，为祖先争光，造福后世。王正思也不负所望，后来得中进士，官至建宁知府，且有诗文传世。

崇祯十四年，王阳明的六世孙王贻杰入仕为官，直至二品大员，去世后发现他没有任何积蓄，就连安葬事宜还得依靠挚友。王贻杰如此清廉，与王阳明所传家风密不可分。

✳ ⋯⋯⋯⋯⋯⋯⋯⋯⋯⋯⋯⋯⋯⋯⋯⋯⋯⋯⋯⋯⋯⋯⋯⋯⋯

第三，做"廉洁配偶"。作为教师，要甘当另一半的"身后人"，在事业上给予最大的支持，并守住"后院"，坚决不允许送礼行贿的行为发生。同时协助另一方教导子女，多讲纪律、少讲人情，在言传身教中，让子女树立正确的义利观。

第四，做"廉洁模范"。腐化思想总会潜移默化地影响人，这便要求教师自身强化思想道德修养，守住内心的廉洁堡垒，让无孔不入的行贿行为止步于廉洁大门之外。同时，要以身作则，保持清醒的头脑，不滥用自己手中的职权，不收取家长或其他人的小利小惠，做到在家为子女和家人树标杆、在外为学生及其家长立榜样。

在育人方面，教师则要做到"两督促"。

第一，督促子女守家训。教师应重视在家庭中"传家训""立家规"，并让子女严守家训，做个诚实守信、勤俭节约、正直清廉的人。

第二，督促家庭成员广泛学习廉洁准则，了解各类法律法规，绝不触碰"高压线"。要让家人明白，不正的家风可能导致家庭成员丧失道德观，违反道德准则，进而发生不廉洁行为。同时，教师作为家长，要借助自己的专业知识和经验，让孩子了解道德榜样的故事，为孩子提供适当的教育，并不断开展讨论，引导孩子正确判断和抵制不良风气，促进教师家庭风气正派的养成。

———————————————————— ✳

郝老师一直致力于培养学生的良好品德和道德观念，也积极引导和约束家庭成员，狠刹不正之风。

郝老师和家庭成员每周都会抽出一定的时间讨论和传达家庭的核心价值观和规则。他们会一起讨论社会上发生的各种不正之风的例子，并探讨这些行为背后的原因及导致的恶果。通过这样理性的分析，让家庭成员更加了解不正之风的危害，并产生警惕之心。

为了加强家庭成员的法律意识，郝老师还定期开展"法律教育日"。在这一天，她会给家庭成员讲解有关法律和法规的知识，介绍一些典型的教职员工及其家人涉腐涉贪的案例，让他们产生防范意识。

郝老师知道榜样的力量是无穷的，所以她坚持遵守职业道德，绝不接受贿赂或利用职务之便谋取不正当利益。她还积极与家人交流沟通，倾听家庭成员的心声；主动与孩子的老师沟通，了解孩子的学习情况和在校表现，以及与朋友的交往情况等。通过一系列的努力，郝老师营造出了一个阳光、健康、积极的家庭氛围。

✳ ————————————————————

好的家风是一个家庭最宝贵的财富。优秀的教师总会传承优秀家风，让家庭成员在人生道路上不会迷失自我。

　　教师要意识到一点：自己不收礼，不代表家人不帮自己代收。有些家长会选择"迂回路线"，私底下去往教师家中送礼送物，而后恳请教师家人为自己说好话，以达到目的。这种"后院起火"的现象屡见不鲜，不少原本廉洁执教的教师，却因家人没有廉洁意识，私收贿赂，才做出许多违背职业道德的行为。所以，教师要严格约束家人，在家庭中制定明确的规则，不仅自己严格遵守，家人也不能违犯。只有家人紧密团结，心往一处想，才是对教师职业最大的尊重。

3. 建立清廉家风文化，传承家族美德

　　林则徐说："子孙若如我，留钱做什么，贤而多财，则损其志；子孙不如我，留钱做什么，愚而多财，益增其过。"意思是：如果子孙后代可以像我，给他们留钱干什么，他们很贤能，很有智慧，如果又拥有很多财富，很容易损害他们奋斗的意志；如果子孙后代比不上我，留钱干什么，他们愚钝且拥有财富，只会让他们更肆无忌惮，无形中增加了他们的过错。

　　"父母之爱子，则为之计深远"，真正爱子女的表现不是为他们留下丰厚的财产，而是让其能够传承家族美德。

　　教师应该认识到建立清廉家风，传承家族美德，对于培养下一代的品德和价值观具有重要意义。

　　家庭是传承和延续家族美德的重要场所。在一个正派的教师家庭中，清廉的美德会被代代相传，继而形成家族独有的特色和传统。广大教师应该积极发掘家族的历史和传统，传承家族美德，让下一代继续发扬光大。

　　首先，教师可以通过故事形式向家庭成员介绍家族的历史和传统。讲述父辈们的故事和经历，引导家庭成员了解家族的过去和奋斗历程，激发他们对家族的认同感和自豪感。

其次，教师可以组织家族活动，增进家庭成员之间的联系和互动。家族聚会、座谈会等活动，可以促使家庭成员之间深入交流，加深感情，达到传递家族的价值观和美德的目的。

最后，教师还可以将家族美德融入日常生活中。例如，在生活的点点滴滴中考察家庭成员是否严守家风要求，如讲诚信、守规矩等，从而让他们将家风内化于心、外化于行，处处彰显家族美德。

清末名臣曾国藩，十分重视传家风、守家训，他在家书中说："予自三十岁以来，即以做官发财为耻，以宦囊积金遗子孙为可羞可恨，故私心立誓，总不靠做官发财以遗后人，章明鉴临，予不食言。"

不好的家风不单单会给家庭成员带去负面影响，更会波及后代。由此及彼，教师家庭同样要重视家风建设，应该以身作则，把廉洁、正直、诚实等优良品质传递给孩子。

在日常生活中，教师要把对家庭成员的道德教育摆在重要位置，特别是对子女的教育，可以通过阅读、讲故事等形式，向他们传递正能量，让他们在潜移默化中受到熏陶，从而与家人共建清正廉洁的家庭。

家风优则作风正，作风正则家风纯。为人师者，必先正其心、正其身，要以德立家、以俭持家、以廉治家，这样才能建设清廉家风，传承家族美德。

以德立家。要求教师甘当清廉家风带头人，继承并发扬中华民族的传统美德，树立家庭美德、涵养个人品德，以自己的言行举止影响家人，让每一个家庭成员都成为共筑文明家庭新风尚的参与者。

以俭持家。要求教师发扬艰苦朴素的作风，勤俭节约、杜绝浪费，绝不攀比炫耀，绝不讲排场、比阔气，要把每一分钱都花在刀刃上，逐渐形成节约思想和行动自觉。同时，主动远离一切腐化堕落的生活习气，杜绝追求低级趣味和个人享乐，与家人共同营造"不为物欲所惑、不为名利所累、不为人情所扰"的家庭风尚。

以廉治家。国无廉不安，家无廉不宁，教师要在家庭中倡导全体成员具备廉洁意识，配偶要当好"纪检委""廉内助"，父母子女也要在助廉上出一份力，让家中常刮廉洁风，常响警示钟。

家风是一种无言的教育，可以让每一个家庭成员获得巨大的精神力量，会重塑一个人的世界观、人生观、价值观，因而，教师要格外重视家风建设，将祖辈遗风完美传承、发扬。

-- ✳

  华某的爷爷出生在 20 世纪 20 年代，后来成为一名小学教师，这在当时也算是"高级知识分子"了。在华某的印象中，爷爷不苟言笑，特别是在家中话很少，但在批阅华某的作文时，总会带着慈祥的笑容，哪里不妥当就会为华某讲解。

  一次，华某去学校玩，溜到爷爷的办公室偷偷拿走一些信纸和作业本，回家后被爷爷发现了，爷爷非常生气，狠狠地批评教育了他。事后，爷爷给华某买了新作业本，并对他说："那是公家的东西，我们不能占公家的便宜。你想要什么东西，爷爷可以给你买。"华某听完爷爷的话点了点头，年幼的心灵里种下了"不占公家便宜"的种子。

  华某的父亲在供销社工作，担任主任职位。在那个物资匮乏的年代，几乎人人都想从公家身上找点好处。华某父亲作为供销社主任，自然有"渠道"得到油水，但他从小也接受爷爷"不占公家便宜"的思想，从不在这方面动歪心思。有些人却把华某父亲当成"财神"，三五不时地送点米面油，想着让他多给自己行行方便，在采购的时候"放放水"。华某的父亲每次都严词拒绝，他的想法是：绝不能让公家受损，自己过得舒坦。

父亲常把工作中遇到的人和事讲给华某，虽说都是芝麻小事，却蕴含着大道理。父亲身上以诚待人、廉洁自律的优秀品质也让华某看在眼里，记在心中。

后来，华某成为县人民检察院的一名公职人员，从入职第一天起，他便在心里打定主意：一定要向爷爷和父亲学习，先做人，后做事，把廉洁、勤勉、公正当作人生信条。

好的家风会给人带来积极的力量，会促进个人的成长。好家风的建设也需要每一个家庭成员的努力，所以，为人师者，要重视清廉家风建设，更要重视继承和弘扬家族传统美德，不断发扬廉俭精神，确保廉洁好家风源远流长。

4. 提高家庭廉洁意识，抵制腐败行为

国以廉为安，家以廉为宁。家庭始终是反腐倡廉的第一阵地，而在教师家庭中，教师便是这个阵地的"指挥官"，要想确保家庭幸福安定，就必须提升家庭成员的廉洁意识，督促家庭成员主动抵制一切腐败行为，坚决不落入利益圈套，掉进腐败陷阱。

在提高家庭廉洁意识方面，首先，教师可以借助一些经典故事或名言警句来引导家庭成员，让他们认识到廉洁在家庭中的重要性。

再则，"立规矩"十分关键。家庭廉洁意识的提高需要家庭成员自觉遵守一些规则。例如，定期整理家庭收支情况，防止财务混乱；不接受贿赂，坚决抵制利益输送等。

此外，还要设置明确的底线，让家庭成员从小事做起，逐渐培养廉洁习惯。在此过程中，家庭成员之间可以建立相互监督与约束的机制，确保言行一致，坚守底线。家庭成员可以通过互相提醒、公开化的财务管理等方式监督和约束彼此，共同维护家庭的廉洁形象。

同时，教师也可以带领家庭成员积极参与社会公益活动。在为社会贡献个人力量的过程中，培养家庭成员的社会责任感，继而在潜移默化中提高廉洁意识。

提高家庭成员的廉洁意识是营造清廉和谐的家庭氛围的基础，同时

教师应时时提醒家人坚决抵制一切腐败行为，这是确保教师之家清正风气的关键。

✳

　　杨老师是某高校招生办老师，每年招生季一到，就是他最"繁忙"的时候，不是忙着招生，而是忙着拒礼。

　　因为职务的关系，不少人都会托关系、找门路，试图与杨老师交朋友，他们的目的很明确——设法把学生送到他们学校。所以，一些人在当面送礼、私下宴请被拒后，开始打起了杨老师家人的主意。

　　一天晚上，杨老师外出办事还没回来，家里就来了一男一女。见杨老师不在家，两人不禁暗喜，因为他们早就听说杨老师从不收礼，这次硬着头皮来，但人不在家，两人心中的石头算是落了地。当时招待他们的是杨老师的妻子和父母。

　　"我们是学生家长，就是想让杨老师帮帮忙，这点小礼物不值钱，请收下吧。"两名家长边说，边将一个高档礼盒放在茶几上。杨老师的妻子刚要拒绝，杨老师的母亲说话了："为人父母的心情我最能理解，当初小杨刚走上工作岗位时，我就叮嘱他一定要廉洁奉公，绝不能贪赃枉法，作为母亲，我希望他能始终如一。如果今天我们替他收了礼，是不是就违背了当初对他的教导呢？"

　　两名家长一听，顿时涨红了脸，他们想不到杨老师的家人也如此廉洁不贪，于是连连道歉带着礼盒离开了。等杨老师回来后，妻子把事情一五一十告诉了他。杨老师笑着说："真是有其母必有其子呀，看来我还要多向母亲大人学习才行！"

✳

腐败行为不仅破坏了社会的公平正义，更会侵蚀人心。例如，教师如果出现考试舞弊、招生不公等行为，就会违背教育公平的原则，就无法继续坚守从教初心、牢记育人使命，也会给子女树立错误榜样。

腐败行为的滋生与蔓延，从细枝末节中皆有迹可循。腐败行为往往是因为个人利益的驱使，所以当教师自觉物欲过度，起了贪婪心，希望不劳而获时，要悬崖勒马。对待自己如此，对待家人更要严上加严。

在现实生活中，有些教师尚且能自我约束，家人却在贪腐上推波助澜。他们背着教师私下接受他人的礼赠，转而在教师耳边大吹"腐败风"。家人们的所谓"苦口婆心"，实则是把教师往火坑里推，最终只会惹火烧身，自食恶果。

因而，教师必须抵住诱惑，不为眼前的小利小惠动心，更要提防家人被贿赂"俘虏"，要时刻擦亮双眼，帮助家人提高廉洁意识，与贪污腐败行为斗争到底。

---- ＊

向某是一所高校的普通教师，向某的父母都是勤勤恳恳的本分人，常常告诉向某站在三尺讲台，要对得起"师者"的身份。向某深知父母的苦心，所以牢记父母的教诲，在教学上一丝不苟，且从来没有任何不廉洁行为，绝不私下开设补习班赚钱。

有些同事挖苦他："老向，听说你儿子快要上大学了，到时候开销翻倍，你这点工资还顶得住吧？"向某笑而不语，依然坚守初心。

向某有一个弟弟，当初学习成绩也很优异，和向某在一个学校教书。不过，弟弟在外人眼中显然比哥哥更为出色。虽然弟弟比哥哥晚一年入校当老师，却很快就从普通老师当上了人事处处长，也算大权在握。

兄弟俩的感情很好，向某也知道弟弟为坐上这个职位都做了什么。他不止一次地告诫弟弟：做人要堂堂正正，为人师者更要廉洁正直，不能徇私舞弊。可是弟弟依然我行我素，给上级领导送钱送物，拉帮结派，凡是能助他上位的人，他都会努力拉拢。

当上人事处处长后，弟弟更变得目中无人了。一些同事为了巴结他，三五不时地给他送礼，还帮助他搭建起一座获得利益的桥梁——一些家长想让孩子入校或转学，必须给他包红包，红包的大小决定了孩子入校班级的好坏。通过受贿，弟弟迅速积累起财富。

向某不想看到弟弟越陷越深，便把事情告知父母，三人一起规劝弟弟及时回头。正巧，当时媒体曝出不少高校教师打着节日的幌子收受大额现金的新闻，涉事者均受到严惩，弟弟意识到问题的严重性，加之哥哥和父母的苦心劝说，终于悬崖勒马，主动投案自首。

腐败行为对社会造成的伤害是长远的和难以恢复的，腐败行为侵害了公共财产，因此也为广大民众所痛恨。长期的腐败行为会导致公信力的丧失，增加社会的不稳定性。教师必须始终坚守职业道德底线，走在抵制不正风气的前端，从提高家庭廉洁意识出发，坚决抵抗、打击一切腐败行为。

首先，教师应廉己为先，注重自身廉洁修养，从小事做起，为家人树立榜样。只有教师本身具备了廉洁品质，才有资格、有底气引导家人守廉、护廉。

其次，充分开展家庭廉洁教育，当好廉洁宣传员，做好舆论引导，让家人意识到腐败的危害，廉洁的益处，以增强他们的反腐倡廉意识。宣讲廉洁文化，有助于改造家庭成员的世界观、人生观、价值观。同时，可以通过讲述廉洁故事和名人事迹，引导家人树立抵制腐败的意识，定期与家人进行廉洁谈话，共同探讨腐败行为对自己、家人及他人和社会造成的危害。

最后，教师可以积极参与和支持学校或社区组织的廉洁教育活动，并鼓励家人一起参与。这不仅可以增强家庭成员的廉洁意识，还能够与更多人分享和传递廉洁文化。当然，教师自身也要不断学习和提高廉洁意识，保持良好的道德品质和职业操守，争当廉洁先锋。

提升家庭廉洁意识和抵制腐败行为，对于教师家庭来说是一项重要的任务。教师要把好廉洁家门，筑牢思想防线，一发现腐败苗头就要及时扑灭，从而与家人共同筑牢防腐拒变的思想堡垒。

5. 树立优良家风，让清廉成为一种习惯

一人不廉，全家不圆。自古以来，廉洁便是对为人处世、从政为官的基本要求，而廉洁品性与家风也紧密相连。时至今日，更要把廉洁与社会主义核心价值观相融合，不断发扬中华民族传统家庭美德，形成树立好家风、廉家风的新局面。

《大学》中提出"修身、齐家、治国、平天下"的观点，其中修身为本，要求人们必须重视修身律己，无论在生活中还是工作中都要洁身自好，重视建立廉洁家风，以此为家人树立廉洁自律的榜样。对于今天的教师来说，传承优良家风的关键是让清廉成为一种觉悟，做到这一点的前提便是重视自身修养。

一时修身易，一世修身难。同样地，教师一时保持廉洁容易，要想终身廉洁却不容易。在物欲面前，有的教师选择放下育人的初心使命，对贿赂来者不拒，最终沦为教师队伍的蛀虫，严重损害教师队伍的阳光形象和声誉。因此，教师必须在内心筑起一道"反腐防线"，让廉洁成为一种习惯，同时重视树立清廉家风，使其代代传承。

在树立清廉家风，培养廉洁习惯上，教师要做到以下几点。

第一，重视塑造廉洁品德。这包括塑造自身及家人的廉洁品德，要自律自省，自纠自查，坚定内心的廉洁原则，公私分明，绝不为利益出

卖良心。督促家庭成员共同遵守廉洁规定，发挥亲情的监督预防作用。

第二，去除心中的贪欲。人都是有欲望的，但要适可而止，过度的贪欲只会吞噬一个人的灵魂。教师要常思贪欲之害，切勿被利欲迷住心窍，继而徇私舞弊，拿不义之礼，收不义之财。《菜根谭》中云："不求非分之福，不贪无故之获。"为人师者，要凭借自己教书育人的本事获利，绝不走旁门左道，获取非法财物。所以，师者务必去贪去欲，保持内心的干净、清白，这也会对家人产生积极的影响，有助于营造廉洁的家庭氛围。

第三，强化自我约束，严管身边人。好的家风需要每一个家庭成员的共同努力，很多时候，家风的形成或许只需要家人的一句提醒，所以作为育人的教师，更有必要自清自醒，成为家庭中乃至家族中点醒"梦中人"的表率。这要求教师首先做到严于律己，约束自我，才能要求家人遵从廉洁规定，继而形成全家守廉的风气。

✳

2019年9月，高铭暄获得"人民教育家"国家荣誉称号。他是当代中国著名法学家和法学教育家，也是新中国刑法学的主要奠基者和开拓者。

高铭暄出生在浙江省台州市玉环县（现玉环市）的一个小渔村，当时高家家境较好，虽然祖父没有读过书，但因为与村里的一位秀才是好友，知道读书的重要性。于是，他把两个儿子送进学堂。高铭暄的父亲考入浙江政法专门学校，叔叔也进入温州中学，两兄弟后来都成为法院的书记官。

因为父亲工作的关系，家里满是法律书籍，高铭暄耳濡目染，也走上了法学之路。父亲常常把以前的一位院长当作教育儿子的榜样，说他清正廉洁，刚直不阿，还抄写了一份朱柏庐的《治家格言》送给儿子。高铭暄把它装裱后挂在墙上，以此自警，并应用在实际生活和教学中。

北京师范大学刑事法律科学研究院副院长王秀梅曾去拜访高铭暄，她至今仍记得当时的情景。那时她想考高铭暄的博士，因此，想去拜望一下，就带着两盒茶叶去了。想不到，这两盒茶叶却让她十分难堪。高铭暄对她说："如果非要我收下你的茶叶，除非你把我们家这箱苹果抱走。"

后来王秀梅成为高铭暄的博士生，在日后的相处中才了解到，高铭暄从没有收受过学生任何财物，而且不管哪个学生和他一起吃饭，都是由他来买单。他认为学生把钱用来买资料、书籍意义更大。

＊ --

桃李不言，下自成蹊。高铭暄用自己的一言一行彰显了祖辈遗风，更把清廉渗透在点滴生活之中，如春风化雨一般，无声无息，却给人以深深的感触。

优秀的家风，让高铭暄意识到育人的意义，更让他始终保持廉洁品格。试想，一个有地位、有名望的学界泰斗若醉心名利，又怎么会蜗居在陋室之中，节衣缩食呢？这恰恰是今天很多教师缺少的珍贵品质。正是这种品质，才推动优秀的教师担起建立廉洁家风的重担，也正是这种品质，让他们把廉洁当成习惯，更内化为一种觉悟。

廉洁家风必将涵养清正之气，它体现出的是一个家族的精神风尚和道德水准，更会在约束家庭成员行为、作风和操守上发挥巨大的导向作用。因此，今天的广大教师，要一边传承家族的优良家风，一边在家庭中结合新时代的发展树立"清""廉"家风，让廉洁真正扎根于心，成为家庭成员，乃至于家族成员思想上和行动上的自觉。

附　录

教师个人廉洁风险点自查表

1.背景介绍

教师肩负着培养未来接班人的重要责任。作为一名教师，廉洁风险点的自查非常重要。此表可帮助教师全面了解和检测廉洁风险。

2.自查表

风险点	风险描述	自查指南	自查结果
职务滥用	在职务行使中利用职权谋取私利、违规干预学生评价等行为。	是否未遵守学校相关规章制度？ 是否未公正、客观对待学生？ 是否在评价、考试等方面存在违规行为？	是 否 部分是
接受礼品	在与学生家长或其他人员接触中，是否有接受礼品、宴请等不当行为。	是否接受过礼品、宴请？ 是否向学生家长索要礼品或其他好处？	是 否 部分是
贪污受贿	是否利用职务之便，索取、收受贿赂或侵占公共财物。	是否参与教材采购等相关事务？ 是否存在违规经济往来？ 是否存在不正当经济关系？	是 否 部分是
违规招生	在招生录取过程中，是否存在违反招生政策、违规操作等行为。	是否未遵守学校的招生政策和程序？ 是否存在与学生家长私下接触并影响录取结果的情况？	是 否 部分是
教育教学失职	是否存在不认真备课、敷衍塞责、懒散教学等失职行为。	是否未按时备课，或备课质量差？ 是否未认真对待学生的学习情况并未给予指导和帮助？	是 否 部分是

3.自查结果解读

根据自查结果，将风险点分为三类：高风险、中风险和低风险。

•高风险：若自查结果中有一个或多个风险点被标记为"是"，则属于高风险。教师应立即采取措施，纠正自己的行为并及时报告学校相关部门。

•中风险：若自查结果中有一个或多个风险点被标记为"部分是"，则属于中风险。教师应进一步审视自己的行为，积极改正并避免再次发生。

•低风险：若自查结果中所有风险点被标记为"否"，则属于低风险。教师应继续保持良好的廉洁形象，并定期进行自查以确保廉洁风险的及时发现和处理。

4.自查改进措施

针对高、中、低风险不同情况，教师可以采取以下改进措施。

•高风险：与学校合作，接受纪律处分并主动接受监督，积极参加廉洁教育和培训，重新树立正确的职业道德观和价值观。

•中风险：制订个人廉洁管理计划，明确目标和具体措施，并定期评估和调整计划，积极参加学校廉洁活动，加强自身廉洁意识，提升廉洁能力。

•低风险：继续保持良好的廉洁形象，注重自身职业道德修养和教育教学能力的提升，积极参与学校的廉洁建设和教育改革。

5.结论

教师个人廉洁风险点自查表是一个帮助教师全面了解和管理廉洁风险的工具。通过认真填写并解读自查结果，教师可以及时发现并纠正自己存在的问题，增强廉洁意识，提高廉洁能力，确保教育事业的健康发展。同时，学校应加强对教师的监督管理，并提供必要的培训和支持，共同构建廉洁、透明、公正的教育环境。

师德师风考核评价表

序号	项目	分值	考核主要内容	评分标准
01	爱国守法	10分	热爱祖国，热爱人民，拥护中国共产党的领导。全面贯彻国家教育方针，自觉遵守《中华人民共和国教师法》等法律法规，依法履行教师职责和义务，不得有违背党和国家方针、政策的言行。	1.有违背教育法律法规的言行，造成不良影响的，视情节扣3-6分。2.以非法方式表达诉求，故意不完成教育教学任务、干扰正常教育教学秩序，损害学生利益，视情节扣2-4分。
02	爱岗敬业	10分	热爱教育事业，志存高远，对工作高度负责，勤勤恳恳、兢兢业业，乐于奉献。	1.经常迟到、早退、旷课，视情节扣1-2分。2.上课时擅自离开课堂或串班扣1-2分。3.不服从学校工作安排扣2-4分。4.在工作时间从事与教育教学无关的活动如：打牌、炒股、聊天、玩游戏、接打电话等扣1-2分。

序号	项目	分值	考核主要内容	评分标准
03	关爱学生	15分	关心爱护全体学生。尊重学生的人格，平等、公平对待学生，对学生严格要求，耐心教导，不讽刺、挖苦、歧视学生，不体罚或变相体罚学生，保护学生合法权益，促进学生全面、健康发展。	1.讽刺、挖苦、歧视、辱骂学生，视情节扣2-7分。 2.体罚或变相体罚学生扣3-8分，情节严重的直接定为不合格。
04	教书育人	15分	实施素质教育，遵循教育规律，勇于探索创新，树立优良学风，刻苦钻研业务。培养学生健全人格，启发学生创新精神。	1.不备课、无教案上课1次扣2分 2.课堂教学效果差，评课中普遍反映不好扣5分
05	为人师表	15分	衣着整洁得体，语言规范健康，举止文明礼貌谦虚谨慎，团结协作，主动与家长联系，认真听取意见和建议，取得家长及学校的支持与配合，积极宣传科学的教育思想和方法，不训斥、指责学生家长。自觉抑制社会不良风气影响。不利用职责之便谋取私利。	1.穿奇装异服，语言粗俗，不讲文明礼貌，违背社会公德，损害教师形象视情节扣2分。 2.参与邪教活动扣5分。 3.散布不良言论，诋毁学校和同事声誉扣2分。 4.不听劝阻，与同事争吵打斗，视情节扣2分。 5.训斥、指责、刁难学生家长视情节扣2分。 6.向学生和家长索要或变相索要财物、收受贵重财物，扣2分。

续表

序号	项目	分值	考核主要内容	评分标准
06	终身学习	8分	不断学习新知识。探索教育教学规律，改进教育教学方法，提高教育、教学和科研水平。	1.思想散漫，不参加学校组织的政治学习，扣3分。 2.不思进取，不参加学校组织的教育教学科研活动，扣5分。
07	安全工作	15分	保证日常各环节活动安全。	1.学生在校期间出现安全事故的，扣3-7分。 2.学生伤势严重的，扣3-8分。
08	学习笔记	7分	记录学习情况、心得体会与反思等。	1.记录潦草不认真扣2分。 2.内容少、学习应付扣5分。
09	其他材料	5分	活动中的其他任务及要求材料。	1.不按时上交一次扣1分。 2.内容潦草、内容应付、量少扣2分。
得分（100分）		等级		

个人"师德师风问题"自查自纠表

自查项目	是否存在问题	表现形式	改进措施
学术行为方面		实事求是，不存在抄袭、剽窃、造假等学术不端行为，也不存在违反学术伦理道德行为。	
职称申报方面		认真解读职称申报条件，查漏补缺，完善职称申报所需材料，按步骤来，不存在弄虚作假情况。	
项目申报方面		不存在项目腐败、项目资源滥用或侵吞等情况。	
遵纪守法方面		自觉遵守国家法律法规，不参与邪教、封建迷信活动，不存在打架斗殴、赌博等违法行为。	
爱岗敬业方面		干一行爱一行，认真对待工作，热心帮助有需要的学生。保证按时出勤，有效利用工作时间，坚守工作岗位。	
关爱学生方面		关心爱护学生、融入学生、了解学生。	
教书育人方面		树立"立德树人，德识相长"的教育理念，自觉遵守教师职业道德，提高业务水平，以良好的思想和道德风范培养学生。	
为人师表方面		不区别对待学生，尊重、平等公正对待每一位学生，不利用身份要求学生帮忙办私事。	

续表

自查项目	是否存在问题	表现形式	改进措施
社会公德方面		爱护公物，保护环境，遵守秩序。	
终身学习方面		积极参加学校举办的业务学习，平时通过上网、读书等学习方式提高自己。	
工作热情方面		工作积极，情绪饱满，充满激情。	
自律意识方面		制定的目标能够完成，经常自我反省。	
教师形象方面		衣着整洁得体，语言规范，举止文明有礼貌，自觉维护教师队伍良好形象。	
其他			

教职工廉洁从教知识竞赛试题

姓名：　　　　　　　　计分：

一、判断题（30分）

1.对学生进行廉洁教育就是指把学生关在教室里，作报告、上课、读书。　　（　　）

2.从事有偿家教，进行课后辅导适当收点费用是天经地义的，这是劳动报酬，这种观点是正确的。　　（　　）

3.中小学教师廉洁从教是清除教育内部不正之风的迫切需要和一剂良药。　　（　　）

4.教师是对学生实施教育的重要主体，但不是廉洁从教教育的主体。　　（　　）

5.教师的职业具有特殊性，时代与社会对教师的职业道德要求高于其他行业。　　（　　）

6.廉洁从教是教师处理教育教学活动与个人利益之间关系的准则，是教师堪称人师的人格前提，是社会对教师提出的道德和职业的双重要求，是教师育人的品格基础。　　（　　）

7.廉洁从教是教师职业道德中的重要操行，是新时代社会各界对教师提出的具体要求。　　（　　）

8.作为一名教师要提高师德修养，自觉抵制有偿家教，集中精力工作。　　（　　）

9."学高为师、身正为范"，教师的言行对良好的社会风尚形成具有重要影响。　　（　　）

10.构建平等、和谐、健康的师生关系关键在于教师。　　（　　）

二、单选题（30分）

11.校园廉洁文化建设要以（　　）为基础。

A.师生的文化参与　　　　　　B.文学艺术

C.思想教育　　　　　　　　　D.开展活动

12.关于参与学校廉洁建设，许多老师会有下面几种认识，正确的是（　　）。

A.没有必要，认为学校与机关单位等相比，既无权又无钱，本身就是清廉之地

B.与己无关，认为廉洁教育和监督的重点是各级领导干部

C.适可而止，认为既然文件里有规定，置身事外看来不太合适，但过度参与会影响工作

D.教师在廉洁建设中起着重要作用，是廉洁建设的主体

13.在青少年时期就要加强廉洁教育，从这个方面来看廉洁从教的内涵不包括下面的（　　）。

A.引导青少年形成诚实守信、正直节俭、崇尚廉洁的价值观

B.引导青少年树立正确的世界观、人生观、价值观

C.培养青少年高尚品格，帮助他们形成正确的道德观

D.提高学科文化水平

14.下列选项不是科学的中小学廉洁教育实施途径的是（　　）。

A.德育课程　　　　　　　　　B.班队活动

C.单纯的道德说教　　　　　　D.校园文化

15.廉洁文化建设的目的之一就是要在广大人民群众中形成反腐倡廉的意识，使人人都成为反腐倡廉的参与者、促进者和（　　）。

A.执法者　　　　　　　　　　B.监督者

C.旁观者　　　　　　　　　　D.管理者

16.建立廉洁教育学习制度，其重点不包括（　　）。

A.加强宣传教育工作　　　　　B.加强政策法规的学习

C.加强案件查处力度　　　　　D.建立学习的长效机制

17.关于廉洁从教的说法，错误的是 （　　）。

A.廉洁从教是一种可为可不为的自愿行为

B.廉洁从教是教师在教育教学过程中必须遵循的行为准则

C.廉洁从教不仅仅是一种道德上的呼吁

D.廉洁从教是一种在实践中对教师教育教学行为的规范

18.廉洁文化建设要以 （　　） 为根本。

A.培育廉洁价值观　　　　　　B.师德

C.教师　　　　　　　　　　　D.法律法规

19.倡导廉洁之风，须从营造风清气正的 （　　） 入手。

A.思想　　　　　　　　　　　B.行动

C.环境　　　　　　　　　　　D.态度

20.（　　） 是教师素质的核心和灵魂，是教师和一切教育工作者必须遵循的道德规范和行为准则。

A.法律　　　　　　　　　　　B.教学

C.师德　　　　　　　　　　　D.廉洁

三、多选题 （40分）

21.从内涵意蕴来说，下列选项对廉洁从教做出正确诠释的是（　　）。

A.廉洁从教是一种道德建树

B.廉洁从教是一种文化品格

C.廉洁从教是一种社会风尚

D.廉洁从教是指应该舍弃自身的物质利益无私地投入教育事业，是一种心理需求

22.在当前社会环境下，作为教师应该自律，要做到 （　　）。

A.依法从教　　　　　　　　　B.科学执教

C.防微杜渐　　　　　　　　　D.诚实守信

23.教师可以根据教材和学生特点自己编教辅材料。其有益之处包括

( )

A.质量高   B.针对性强

C.时效性强   D.获取经济利益

24.对教育公正说法正确的是（ ）

A.公正执教可以促进每一位学生全面健康快乐成长

B.公正执教可以提高教育教学水平

C.公正执教可以培养学生公正、公平的品质

D.公正执教是廉洁从教的重要表现

25.对青少年开展廉洁教育，认识不正确的有（ ）。

A.对孩子进行廉洁教育属于"大人生病、孩子吃药"

B.使其过早接触社会阴暗面，不利于身心健康

C.思想政治课可以代替廉洁教育，无须再进行中小学廉洁教育

D.反腐倡廉工作应该聚焦成人群体，与青少年基本无关

26.教师有下列行为的，被视为从事有偿家教（ ）。

A.在本人住房（含车库）或租借房屋场地从事教育教学活动并从中获利的

B.在社会培训机构中兼职从事学科类补习活动从中获利的

C.利用学校教学设施招收本校学生或外来学生从事有偿的教育教学活动并从中获利的

D.为学生提供家庭寄宿式辅导、补习活动并从中获利的

27.勤于修身守廉洁要做到（ ）。

A.诚信做人   B.公平处事

C.认真备课   D.严谨自律

28.抵制有偿家教的原因是（ ）。

A.有偿家教违背了"爱岗敬业、为人师表"的师德要求

B.有偿家教扭曲了"以身立教、为人师表"的师德人格力量

C.有偿家教影响了教师的团队发展

D.有偿家教偏离了"关爱学生、教书育人"的师德核心

29.“慎独”是个人防止腐化变质的基本功，教师做到以下几点（　　）。

A.要禁得起利益的考验　　　　　　B.要科学执教

C.要守得住小节　　　　　　　　　D.要有健康的生活态度

30.廉，就是不贪、不取，不受不义之财。作为一名教师必须要有下面这样的修养和胸怀（　　）。

A "不义而富且贵，于我如浮云。"（《论语》）

B "临财毋苟得，临难毋苟免。"（《礼记》）

C "慎终追远，民德归厚矣。"（《论语》）

D "临大利而不易其义，可谓廉矣。"（《吕氏春秋》）

教职工廉洁从教知识竞赛参考答案

一、判断题

1.× 2.× 3.√ 4.× 5.√ 6.√ 7.√ 8.√ 9.√ 10.√

二、单选题

11.A 12.D 13.D 14.C 15.B 16.C 17.A 18.A 19.C 20.C

三、多选题

21.ABC 22.ABCD 23.BC 24.ACD 25.ABCD 26.ABCD 27.ABD

28.ABCD 29.ACD 30.ABD

在职教师廉洁从教知识测试卷

（满分 120 分 时间 45 分钟）

姓名：　　　　　　单位：　　　　　　岗位职务：

初核情况：　　　　　复核情况：　　　　　测试分数：

一、单项选择（6 分，每题 3 分）

1.建设教育强国最重要的基础工作是（　　　　）

　　A.德育为先

　　B.人才培养

　　C.深化教育改革创新

　　D.加强教师队伍建设

2.在职教师岗位培训每五年累计不少于（　　　　）

　　A.240 学时

　　B.280 学时

　　C.320 学时

　　D.360 学时

二、补充填空（4 分，每空 1 分）

1._____是教育的根本任务。

2.教育发展的第一资源是_____。

3.评价教师队伍素质的第一标准应该是_____。

4._____是孩子的第一任老师。

三、判断对错（30 分，每题 2 分。）

1.没有爱就没有教育。对于班上成绩差的学生，教师绝不能歧视他们，

　要因材施教，平等对待每一个人，让每一名学生都有光明的未来。

　　　　　　　　　　　　　　　　　　　　　　　　　　　（　　　）

2.张老师经常去家访，深受学生及家长的尊重，总会收到孩子们摘采的鲜花和乡亲们赠送的土特产。张老师很感动，他表示要扎根乡村，让更多的孩子走出大山。　　　　　　　　　　（　　）

3.李老师心直口快，刀子嘴豆腐心，虽然时常辱骂学生。但孩子们也明白这是为他们好。家长们纷纷说"严师出高徒"。　　（　　）

4.又到了教师节，家委会在家长群里自发集资准备了几套化妆品，送给班主任和科任老师。考虑到是家委会自发组织的，毕竟是家长们的一番心意，老师们也不好拒绝。　　　　　　　　　　（　　）

5.考虑到学生成绩不理想，三位家长主动找到王老师，想让他给孩子们补课并表示要支付酬劳，王老师急家长之所急，当天就开始为孩子们补课。后来，又有家长找上门，学生多了辅导不过来，王老师就好心地向他们推荐了一家培训机构。　　　　　　　　（　　）

6.天气变凉了，班主任王某看到学生小娟有点咳嗽。他趁放学后办公室没人，把小娟单独叫过去，帮她检查身体，用手触摸胸部和臀部，嘱咐她要预防感冒。　　　　　　　　　　　　　　（　　）

7.小学生陈某十分调皮，经常违反课堂纪律，班主任周某让其缴纳"违反金"，宣称再犯错误则从中扣取充作班费。　　　（　　）

8.流感来了，张老师看在眼里，急在心里。自费掏钱买了预防药品发给全班32个农家娃，还贴心地打来开水，让大家抓紧服用。两周过去了，学生无一人感染，在外打工的家长感动不已，说老师是孩子们的健康守护者。　　　　　　　　　　　　　　（　　）

9.张老师很有感触地在班会上说，昨天家访才得知，小明的爸爸正在监狱里服刑，但小明刻苦学习，对自己要求严格，是班上励志的好榜样。全班同学对小明报以热烈的掌声。　　　　　　（　　）

10.为弘扬中华优秀传统文化，李校长邀请被某媒体称为"国学专家"的张某走进课堂，为孩子们导读、导学《诗经》《心经》等文化典籍，让孩子们定期读经、诵经、悟经，拓宽知识视野，增强文化底蕴。（　　）

11.赵老师的亲戚在学校附近开了一家售卖"好聚力"口服液的门店，请赵老师照顾一下生意。赵老师喝了之后，确实感觉对身体特别好，向家长学生们大力推荐。（　　）

12.考虑到不能体罚学生，对于调皮捣蛋的王同学，张老师要求全班同学都不要理睬他，不与他说话。现在，王同学再也不欺负同学了。（　　）

13.蔡老师注重研究教材教法，为了帮学生们提高学习效率，他找遍全县书店，终于为学生们选到合适的教辅材料。在蔡老师的软磨硬泡下，书店经理被感动了，以六折价格为全班同学提供购书优惠。蔡老师说，一定要让孩子们得到实惠。（　　）

14.刘老师亲和力十足，总是和学生打成一片。跨年演唱会期间，他号召孩子们一起给自己最心仪的明星投票，并集体拍摄了应援视频。在这样的互动氛围里，师生关系更和谐了。（　　）

15.为加强学校信息化建设，王主任建了一个教师微信群，把县教育局印发的各类文件，一个不漏地发到群里，供大家学习，真正做到讨论充分，学习及时，落实有力。（　　）

四、场景分析（30分，每题10分）

1.班上纪律不好，张老师提醒未果，很恼火地将违纪的三名学生各打了几耳光。事情发生后，造成不良社会影响。根据相关规定，张老师受到了处分，学校也被问责。张老师很后悔自己太冲动，但他也认为，自己是在行使教育惩戒权，不应被处分。张老师的观点对吗？你怎么看？

2.某中学教师王某通过微博、微信朋友圈等网络平台多次发布和转发错误言论，有时在 QQ 群里宣扬错误历史观点。根据影响情形和相关规定，给予王某行政记过处分，撤销教师资格。王某认为，他是放假期间在校外用个人网名发的，也不是发给学生的，不应受到处分。这个观点对吗？你怎么看？

3.四年级学生小红疑似遭受学校食堂管理员的性侵。被人举报后，食堂管理员准备拿钱与家长私了，还反复跟王校长说情，表示自己会马上辞职，到外地去打工。王校长考虑到社会影响，准备私下化解。这个观点对吗？你怎么看？

五、实践考察（20分，每题10分。）

1.中共中央、国务院印发《深化新时代教育评价改革总体方案》明确提出，落实中小学教师家访制度，将家校联系情况纳入教师考核。今年以来，你到学生家里家访过吗？如有，请写出具体时间、学生姓名及简要家访情况。

2."如果我是一名学生""如果我是一名家长"，希望遇到什么样的老师，希望孩子遇到什么样的老师？站在实际工作岗位上来看，你是学生、家长心中的好老师吗？是否有需要改进的地方？

六、故事分享（30分）

在多年的求学历程中，你一定遇到过很多老师，有没有老师让你印象深刻？有没有些故事让你记忆犹新？

在职教师廉洁从教知识测试卷参考答案

一、1.D　2.D

二、1.立德树人　2.教师　3.师德师风　4.父母

三、

1.√　2.×　3.×　4.×　5.×　6.×　7.×　8.×　9.×　10.×　11.×　12.×

13.×　14.×　15.×

四、

1.错误。教育部 2020 年 12 月颁布《中小学教育惩戒规则（试行）》第十二条规定，教师在教育教学管理、实施教育惩戒过程中，不得有下列行为：（一）以击打、刺扎等方式直接造成身体痛苦的体罚；（二）超过正常限度的罚站、反复抄写，强制做不适的动作或者姿势，以及刻意孤立等间接伤害身体、心理的变相体罚；（三）辱骂或者以歧视性、侮辱性的言行侵犯学生人格尊严；（四）因个人或者少数人违规违纪行为而惩罚全体学生；（五）因学业成绩而教育惩戒学生；（六）因个人情绪、好恶实施或者选择性实施教育惩戒；（七）指派学生对其他学生实施教育惩戒；（八）其他侵害学生权利的。此外，第八、九、十条规定了三种情形下可以实施的教育惩戒，张老师的行为不在合理行使教育惩戒权的范围内。

2.错误。根据教育部《中小学教师违反职业道德行为处理办法（2018年修订）》第四条，应予处理的教师违反职业道德行为如下：（一）在教育教学活动中及其他场合有损害党中央权威、违背党的路线方针政策的言行；（二）通过课堂、论坛、讲座、信息网络及其他渠道发表、转发错误观点，或编造散布虚假信息、不良信息。

3.错误。2020 年最高检等九部门共同印发的《关于建立侵害未成年人

案件强制报告制度的意见（试行）》（以下简称《意见》）第二条规定，密切接触未成年人行业的各类组织及其从业人员，在工作中发现未成年遭受或者疑似遭受不法侵害以及面临不法侵害危险的，应当立即向公安机关报案或举报。此外，食堂管理员说情的行为可能构成干扰、阻碍报告，校长作为主管人员也不应私下化解。根据《意见》第十五条，对于干扰、阻碍报告的组织或个人，依法追究法律责任。第十六条，负有报告义务的单位及其工作人员未履行报告职责，造成严重后果的，由其主管行政机关或者本单位依法对直接负责的主管人员或者其他直接责任人员给予相应处分。

五、略。

六、略。

中小学校廉洁从教知识竞赛试题

一、判断题。

1. 社会主义道德基本原则是集体主义。教师职业道德基本原则是忠诚于人民教育事业。 （　　）

2. 教师可以参加由学生及家长安排的可能影响考试、考核评价的宴请。 （　　）

3. 陶行知生活教育理论是在平民教育运动实践过程中提出来的，具有平民性的特点。 （　　）

4. 师德是教师职业胜任、职业作为及其不断提升的基本品质。 （　　）

5. 教师应该在内心形成"以学术不端行为为耻，以维护学术尊严为荣"的学术道德观念。 （　　）

6. 广大教师要大力弘扬高尚师德师风，自觉抵制收受学生及家长礼品礼金等不正之风。 （　　）

7. "为一大事来，做一大事去""捧着一颗心来，不带半根草去"是陶行知的教育名言。 （　　）

8. 一个教师不热爱自己的工作对象同样可以说热爱自己所从事的教书育人工作，就像一个不喜欢自己的工作的工人同样可以生产出高质量的产品一样。 （　　）

9. 高考舞弊背后，已经形成了一条复杂的可怕的利益链。不能再简单地将之视为教育领域内部查处的事件，而需要司法力量的独立介入，向纵深地带进行深挖。 （　　）

10. 人民教育家陶行知毕生追求的教育真谛就是"爱满天下"，"热爱每一个学生"是他的人生格言。 （　　）

二、选择题。

11. 学生成绩进步，家长予以礼品馈赠或者宴请，表示感谢，你会接受吗？（　　）

A. 不会。婉言相拒，表示学生进步是大家都希望看到的，帮助学生进步也是老师分内之责。

B. 可能会，实在不好推脱，家长盛情难却，不接受不近人情。

C. 会，我的确对这个学生付出了很多精力，这是我理所应当得到的。

12. 百年大计，教育为本。教育之本在教师，教师之本在（　　）

A. 学习　　　　　　　　　　B. 教学

C. 师德　　　　　　　　　　D. 提高

13. 教师最可宝贵的品质是（　　）。

A. 细心　　　　B. 耐心　　　　C. 爱心　　　　D. 宽容

14. 按照《中华人民共和国教师法》的规定，对侮辱、殴打教师的，根据不同情节处理不包括（　　）

A. 给予行政处分或者行政处罚

B. 造成损害的，责令赔偿损失

C. 情节严重，构成犯罪的，依法追究刑事责任

D. 教育教育就行

15.《国家中长期教育改革和发展规划纲要（2010-2020 年）》关于学前教育部分明确指出，建立（　　）的办园体制。

A. 政府主导、社会参与、公办民办并举

B. 市场主导、政府参与、民办为主

16. 思想深处支配教师严谨治学的是（　　）。

A. 教师的责任感和事业感　　　B. 教师职业道德规范的要求

C. 教育政策法规等要求　　　　D. 崇高的使命

17.教师应当履行关心、爱护（ ），尊重学生人格，促进学生品德、智力、体质等方面全面发展的义务。

A.家庭经济困难学生　　　　　　B.全体学生

C.学习有困难的学生　　　　　　D.残障学生

18.教育学生的感情基础是　　　　　　　　　　　　　（ ）

A.爱工作　　　　　　　　　　　B.爱学生

C.爱学校　　　　　　　　　　　D.爱教育事业

19.教师职业道德在全社会道德体系中处于（ ）和主干地位。

A.重要　　　　　B.首要　　　　　C.核心　　　　　D.主导

20.你是否会把自己搜集到的教育教学资料与同事分享? （ ）

A.会的，授人玫瑰手有余香，互通有无，才能共同进步

B.可能会，但会有所选择，不会和盘托出

C.不会，自己教自己的书，需要材料自己搜集

21.伴随着基础教育课程改革的不断发展和深入，中小学教师要积极投身和参与教育教学研究，下面哪一个不是我们努力要争做的教师（ ）

A.研究型　　　　　　　　　　　B.传统型

C.创新型　　　　　　　　　　　D.学者型

22.下列说法不正确的是（ ）

A.体罚会对学生造成生理伤害

B.体罚激发了学生的聪明才智

C.体罚严重伤害了学生自尊心

D.体罚影响学生个性的健康发展

23.尊重是师德的基石，教师只有做到以下三点，才能赢得别人的尊重。其中错误的是（ ）

A.尊重自己　　　　　　　　　B.遵循科学发展规律

C.尊重家长　　　　　　　　　D.尊重学生

24.现代师生之间的关系应该是同志式的（　　）关系。

A.民主　　　　　B.平等　　　　　C.民主平等　　　　　D.友好

25.考查一个教师的业务素质的关键是（　　）

A.教师的学历高低　　　　　　B.教师的治学态度

C.教师的工作表现　　　　　　D.教师的能力

中小学校廉洁从教知识竞赛参考答案

一、判断题

1.√　2.×　3.√　4.√　5.√　6.√　7.√　8.×　9.√　10.√

二、选择题

11.A　12.C　13.C　14.D　15.A　16.D　17.B　18.B　19.C　20.A

21.B　22.B　23.B　24.C　25.B

党风廉政建设试题（教师版）

考试时间 20 分钟。题型设置单选 10 道，每道题 3 分，共 30 分；多选 10 道，每道题 5 分，共 50 分；判断 10 道，每道题 2 分，共 20 分。合计 100 分。

所在党支部名称：

姓名：

一、单选题。

1.(　　) 战略布局，确立了在新的历史条件下，党和国家各项工作的战略目标和战略举措，是我们党在新形势下治国理政的总方略。

A."四个全面"　　　　　　　B.五大发展理念

C."三严三实"　　　　　　　D."两学一做"

2.(　　) 是党的生命，是党内政治生活积极健康的重要基础。

A.为人民服务　　　　　　　B.批评与自我批评

C.党内民主　　　　　　　　D.维护党中央权威

3.维护党中央权威，全党必须自觉防止和反对"四个主义"。"四个主义"是指　　　　　　　　　　　　　　　　　　　　　(　　)

A.拜金主义、个人主义、分散主义、自由主义

B.个人主义、分散主义、自由主义、本位主义

C.官僚主义、拜金主义、享乐主义、自由主义

D.享乐主义、官僚主义、个人主义、本位主义

4.周某系 A 省 B 市教育局局长，中共党员。周某妻子吴某（非国家工作人员）利用周某职务的影响，在 B 市教育系统内推销教学仪器多年，获利数十万元，周某让吴某注意影响，但对吴某的行为未提出异议。下列说法正确的是？　　　　　　　　　　　　(　　)

A.周某涉嫌违法犯罪

B.吴某违规经商办企业

C.周某违反了组织纪律

D.周某违反了廉洁纪律

5.克扣群众财物，或者违反有关规定拖欠群众钱款，违反了党的（　　　　）。

A.工作纪律　　　　　　　　　B.组织纪律

C.群众纪律　　　　　　　　　D.生活纪律

6.三公消费包括　　　　　　　　　　　　　　　　　　　　（　　　）

A.公务出国（境）经费、公务招待费、差旅费

B.公务出国（境）经费、公务车购置及运行费、差旅费

C.公务出国（境）经费、公务车购置及运行费、公务招待费

D.公务车购置及运行费、公务招待费、差旅费

7.按照《党政机关厉行节约反对消费条例》对公务用车的规定，下列车辆应当取消的是（　　　　）。

A.一般公务用车

B.执法执勤车辆

C.机要通信车辆

D.应急和特种专业技术车辆

8.《新时代高校教师职业行为十项准则》等准则要求，实行（　　　　）"一票否决"。

A.教学能力　　　　　　　　　B.师德失范

C.管理能力　　　　　　　　　D.职业素养

9.新时代教师的根本任务是（　　　　）。

A.立德树人　　　　　　　　　B.培养道德

C.教授知识　　　　　　　　　D.提高自身素质

10.《新时代高校教师职业行为十项准则》要求，不得违反教学纪律，敷衍教学，或擅自从事影响教育教学本职工作的兼职兼薪行为。这属于（　　）准则的内容。

A.自觉爱国守法　　　　　　　B.坚定政治方向

C.坚守廉洁自律　　　　　　　D.潜心教书育人

二、多选题。

1."四风"指的是形式主义、（　　）。

A.官僚主义　　　　　　　　　B.享乐主义

C.奢靡之风　　　　　　　　　D.不正之风

2.《关于实行党风廉政建设责任制的规定》明确，领导班子主要负责人是职责范围内的党风廉政建设第一责任人，应当（　　）。

A.重要工作亲自部署　　　　　B.重大问题亲自过问

C.重点环节亲自协调　　　　　D.重要案件亲自督办

3.《中国共产党纪律处分条例》中规定的六大纪律分别是：政治纪律、（　　）、生活纪律。

A.组织纪律　　　　　　　　　B.廉洁纪律

C.群众纪律　　　　　　　　　D.财经纪律

E.工作纪律

4.《中国共产党廉洁自律准则》八条规范的"四个坚持"分别是（　　）

A.坚持公私分明，先公后私，克己奉公

B.坚持崇廉拒腐，清白做人，干净做事

C.坚持尚俭戒奢，艰苦朴素，勤俭节约

D.坚持吃苦在前，享受在后，甘于奉献

5."三重一大"制度指的是　　　　　　　　　　　　　　（　　）

A.重大问题决策　　　　　　　B.重大事项决策

C.重要干部任免　　　　　　D.重大项目安排

E.大额资金使用

6.《关于实行党政领导干部问责的暂行规定》规定，对党政领导干部实行问责的方式分为：责令公开道歉、（　　　　）。

　　A.停职检查　　　　　　　　B.引咎辞职

　　C.责令辞职　　　　　　　　D.免职

7.《关于实行党政领导干部问责的暂行规定》规定，党政领导干部被问责后应当受到哪些影响：（　　　　）。

　　A.取消当年考核评优资格

　　B.不能参加当年举办的各类评选先进活动

　　C.引咎辞职、责令辞职、免职的党政领导干部，一年内不得重新担任与其原任职务相当的领导职务

　　D.引咎辞职、责令辞职、免职的党政领导干部，一年后如果重新担任与其原任职务相当的领导职务，除应当按照干部管理权限履行审批手续外，还应当征求上一级党委组织部门的意见

8.根据《新时代高校教师职业行为十项准则》引导广大教师把教书育人和自我修养结合起来，时刻自重、自省、自警、自励，自觉做（　　　　）的楷模。

　　A.以德立身　　　　　　　　B.以德立学

　　C.以德施教　　　　　　　　D.以德育德

9.《新时代高校教师职业行为十项准则》要求，坚守廉洁自律。具体表现在　　　　　　　　　　　　　　　　　　　　（　　　　）

　　A.严于律己，清廉从教

　　B.不得违反教学纪律，敷衍教学，或擅自从事影响教育教学本职工作的兼职兼薪行为

C.不得索要、收受学生及家长财物，不得参加由学生及家长付费的宴请、旅游、娱乐休闲等活动，或利用家长资源谋取私利

D.为人师表，以身作则，举止文明，作风正派，自重自爱

10.《新时代高校教师职业行为十项准则》要求，坚定政治方向，具体表现为（   ）。

A.坚持以习近平新时代中国特色社会主义思想为指导，拥护中国共产党的领导，贯彻党的教育方针

B.不得在教育教学活动中及其他场合有损害党中央权威、违背党的路线方针政策的言行

C.忠于祖国，忠于人民，恪守宪法原则，遵守法律法规，依法履行教师职责

D.不得损害国家利益、社会公共利益，或违背社会公序良俗

党风廉政建设试题（教师版）参考答案

一、

1.A 2.C 3.B 4.D 5.C 6.C 7.A 8.B 9.A 10.D

二、

1.ABC 2.ABCD 3.ABCE 4.ABCD 5.BCDE 6.ABC

7.ABCD 8.ABCD 9.AC 10.ABCD